应急决策
知识管理系统研究

U0808190

西安交通大学出版社
XI'AN JIAOTONG UNIVERSITY PRESS

图书在版编目(CIP)数据

应急决策知识管理系统研究/汪小梅著. —西安:西安交通大学出版社,2017.6(2022.6 重印)
ISBN 978-7-5605-9632-7

Ⅰ. ①应… Ⅱ. ①汪… Ⅲ. ①突发事件-应急对策-知识管理-管理系统理论-研究 Ⅳ. ①D035.34

中国版本图书馆 CIP 数据核字(2017)第 084600 号

书　　名 应急决策知识管理系统研究
著　　者 汪小梅
责任编辑 赵怀瀛

出版发行 西安交通大学出版社
（西安市兴庆南路 1 号　邮政编码 710048）
网　　址 http://www.xjtupress.com
电　　话 (029)82668357　82667874(市场营销中心)
(029)82668315(总编办)
传　　真 (029)82668280
印　　刷 西安日报社印务中心

开　　本 720mm×1000mm　1/16　**印张** 10.5　**字数** 173 千字
版次印次 2017 年 6 月第 1 版　2022 年 6 月第 3 次印刷
书　　号 ISBN 978-7-5605-9632-7
定　　价 68.00 元

如发现印装质量问题,请与本社市场营销中心联系。
订购热线:(029)82665248　(029)82665249
投稿热线:(029)82668133
读者信箱:xj_rwjg@126.com

版权所有　侵权必究

前　言

应急决策知识管理系统是一个开放的复杂巨系统，本书应用系统工程理论思想，在分析了应急决策知识管理过程、知识管理系统结构以及应急决策领域知识特征的基础上，结合知识管理、决策科学、计算机和人工智能等领域的技术成果，构建了应急决策知识管理系统集成框架，分析提炼出了应急决策知识管理系统的核心技术为知识表示、知识获取和知识共享问题，并对其展开了研究，提出了基于知识图的应急决策知识表示和应急决策知识共享方法、CBR的应急决策知识的获取与推理方法以及实现应急决策知识共享与群体决策的综合集成研讨厅的总体框架，并最终予以实现。

本书所做的工作和取得的主要成果如下：

(1)运用系统工程的思想，通过对应急决策过程、决策环境以及应急决策过程中涉及的知识管理问题进行系统的分析，构建了基于过程的应急决策知识模型；运用开放复杂巨系统理论，构建了应急决策知识管理系统集成框架，并对应急决策知识管理集成框架中的关键技术问题进行了识别。

(2)研究了基于知识图的知识的可视化应用，提出了基于知识图的应急决策过程的知识获取、表达手段，建立了防汛抗洪应急指挥决策知识的知识图，并把相关应用业务知识图化，采用知识图来关联、组织应用过程中的知识、描述事件和主题应用。

(3)运用基于事例推理的知识获取的方法解决了应急决策中隐性知识的获取及推理问题。对事例的优选问题进行了研究，针对事例的优选不唯一的情况，提出了基于 Vague 集的模糊多目标决策方法实现事例的优选。

(4)在对知识共享可能性和必要性问题进行了分析讨论之后，对其实施过程和障碍进行了深入分析，利用开放复杂巨系统的理论及方法，提出了应急决策综合集成研讨厅的框架，并运用信息系统技术，建立了应急管理系统综合集成研讨厅的总体框架，着重解决洪水信息系统综合集成问题，并最终实现防汛抗洪应急决策系统的群体决策功能。

应急决策知识管理是一个系统工程，本书研究仅是开始，应急知识管理面临的复杂性、社会性和普遍性将使这项工作必须继续深入进行，这方面的理论研究和实际应用研究还需要进一步大规模地开展。

目　录

第 1 章　绪论 …………………………………………………… (1)

1.1　研究背景和意义 …………………………………………… (1)

1.2　国内外研究现状 …………………………………………… (6)

1.3　问题的提出 ……………………………………………… (10)

1.4　研究内容、方法及技术路线 ……………………………… (11)

第 2 章　相关研究综述 ………………………………………… (14)

2.1　知识管理相关研究综述 ………………………………… (14)

2.2　应急管理相关研究综述 ………………………………… (22)

2.3　决策与决策支持系统的研究综述 ……………………… (25)

2.4　本章小结 ………………………………………………… (29)

第 3 章　应急决策知识管理系统集成框架的提出 ……………… (30)

3.1　基于过程的应急事件危机信息分析 …………………… (30)

3.2　危机信息管理的三个维度 ……………………………… (32)

3.3　应急决策过程知识需求分析 …………………………… (34)

3.4　基于过程的应急决策知识管理系统集成框架的提出 …… (36)

3.5　应急决策知识管理系统集成框架中的关键技术的识别…… (42)

3.6　本章小结 ………………………………………………… (44)

第 4 章　基于知识图的应急决策知识表示方法 ………………… (45)

4.1　知识表示 ………………………………………………… (45)

4.2 应急知识表示方法选择的原则 …………………………… (46)
4.3 基于知识图的应急决策知识表示方法 ………………… (47)
4.4 基于知识图的应急决策知识表示方法的应用 ………… (58)
4.5 本章小结 …………………………………………… (65)

第5章 基于事例推理的应急决策知识获取方法 ……………… (66)
5.1 CBR 理论 …………………………………………… (67)
5.2 应急决策中基于事例推理的知识获取 ………………… (70)
5.3 基于多目标决策的 CBR 事例优选……………………… (79)
5.4 基于知识图和事例推理的水库洪水调度应用实例 ……… (88)
5.5 本章小结 …………………………………………… (90)

第6章 应急决策知识的共享与信息综合集成 ………………… (91)
6.1 知识共享依据分析 ………………………………… (91)
6.2 知识共享的过程 …………………………………… (95)
6.3 知识共享与信息的综合集成框架的提出 ……………… (99)
6.4 知识共享与应急决策综合集成研讨厅的框架的提出 … (104)
6.5 本章小结 ………………………………………… (112)

第7章 应急决策知识管理系统综合集成的实现 ……………… (113)
7.1 防汛决策信息综合集成的实现 ……………………… (113)
7.2 防汛决策概念系统的实现 ………………………… (113)
7.3 基于知识图洪水调度应用的实现 …………………… (115)
7.4 基于事例推理的洪水调度应用的实现 ……………… (123)
7.5 综合集成研讨厅的实现 …………………………… (125)
7.6 决策过程中洪水淹没区域的确定过程 ……………… (127)
7.7 本章小结 ………………………………………… (130)

第8章　结论与展望 …………………………………………… (131)
8.1　本书所做主要工作 ……………………………………… (131)
8.2　主要研究结论与创新点 ………………………………… (132)
8.3　本书研究的局限性 ……………………………………… (133)
8.4　有待进一步研究的方向 ………………………………… (134)
参考文献 ……………………………………………………… (136)
攻读博士学位期间获得的研究成果 ………………………… (157)
致　谢 ………………………………………………………… (159)

第1章　绪　论

本章介绍了面向应急决策的知识管理领域的国内外研究现状，分析了现有研究的不足，提出了基于系统工程思想的应急决策知识管理系统集成方案以及需要解决的关键问题。最后提出本书研究的方法与技术路线以及本书研究内容和框架。

1.1　研究背景和意义

1.1.1　现实背景

当今社会，经济全球化进程日趋加快，世界格局多极化趋势越来越明显，各种矛盾和竞争错综复杂。长期以来，人类社会的进步常常以其赖以生存的环境的不断恶化为代价，其后果必然是自然或人为灾害的不断增多。近年来，随着经济社会的发展，城市面积的不断扩大，人口、资产密度的迅速提高，人为灾害、自然灾害、突发公共卫生事件、突发社会安全事件、特大安全事故以及复合型灾害的发生频率、影响范围与危害程度均在增长，国内外重大突发公共事件的发生频率与危害已呈现出不断加大的趋势，对人类的生存和发展造成了预料不到的灾难性后果与危害。应急管理，已成为世界各国都不可避免要面对的重大挑战。

“9.11”事件、2003年“非典”事件以及2004年印度洋海啸等，充分暴露了人类应急管理水平的滞后，如何应对突发事件及其引起的危机，已成为世界各国政府、各个地区都必须认真对待的重大现实问题。

图1-1所示1995—2004年各类危机爆发的数量、起因及分布区域，可以看出亚太地区无论在数量上还是在引发的原因上都是多发地

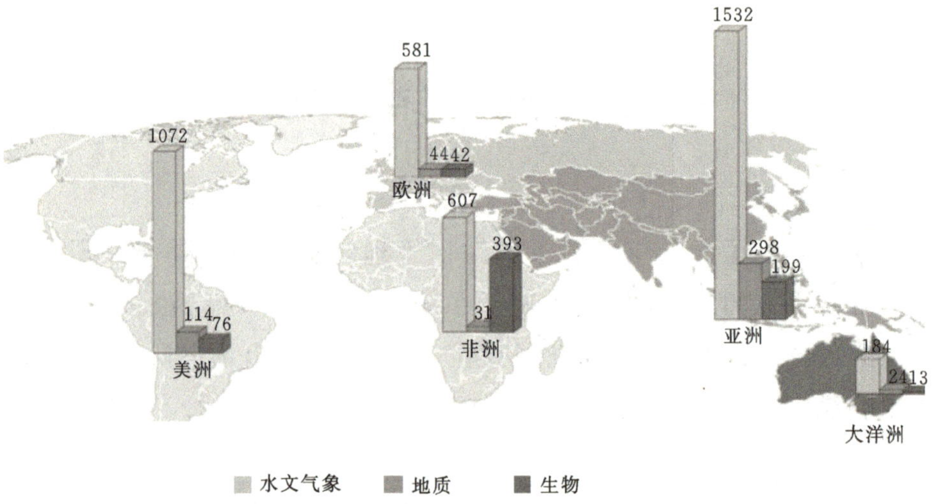

图 1-1　1995—2004 年全球危机爆发数量、起因及分布地区

Source(base map):UNEP/DEWA/GRID-Europe. November 2005.

http://www. unisdr. org/disaster-statistics/occurrence-type-disas. htm

区,因此,加强对危机管理的研究对于我国有着极其重要和紧迫的现实意义。

我国是灾害频发、受灾最为严重的国家之一,近十年,每年平均灾害损失近 1600 亿元,相当于我国 GDP 的 3.8%,这一比例已经是发达国家的 10 倍以上。从受灾范围来看,频发危机事件主要有地震、洪水、干旱、雨雪冰冻、台风、沙漠化、传染病流行、食品安全事件等。2008 年是我国突发公共事件频发开始的一年,春节前的南方雨雪冰冻灾害,5·12汶川特大地震,三聚氰胺儿童奶制品安全卫生事件等,带来了巨大的损失和创伤。

政府对突发性公共事件应急处理予以高度重视,已将其立为一项政府的系统工程,先后出台一系列不同灾种的相关应急政策文件,如国家突发公共事件总体应急预案、防震减灾法、危险化学品安全管理条例等。2009 年国家自然科学基金重大研究计划公布了“非常规突发事件应急管理研究”重大研究计划。由此可见,非常规突发事件的应急管理已成为一个值得国内各方深入研究的重大现实课题。

1.1.2 本书理论背景

应急决策作为对突发事件进行有效预警、控制和处理的过程，中西方学者对此有深入细致的研究。西方的应急决策与管理理论主要以危机管理理论出现。危机（Crisis）一词最初来源于希腊语中的“Kinetin”，其原始含义是筛选，此后在医学领域普遍使用，以形容一种至关重要的、需要立刻做出相应决断的状态。目前对于“危机”本身的定义至今仍未统一，对危机也有不同的认识和理解。1803年的关于新罕布什尔（New Hampshire）城市的火灾法案被认为是第一个灾害法规。在此后的漫长岁月里，危机管理基本是被动应对自然灾害，危机在人们的意识中就是天灾人祸，还没有上升到理论层面，危机管理这一概念是美国学者于20世纪60年代初提出的。危机管理理论产生于经济管理、公共事务管理、政治学、外交决策理论等多个学科。20世纪70年代以后，出现了有关企业危机管理、政府行政危机管理、国际重大危机事件管理方面的著作。1966年大西洋学会出版的《大西洋论丛（II）》上发表的巴肯（Alastair Buchan）的《危机管理：新的外交》（*Crisis Management: the New Diplomacy*）被认为是目前见之于文献中最早的有关危机管理方面的专著，成为危机管理由初步探索向理论研究过渡的重要标志。

自20世纪90年代以来，国际上已经逐步建立了若干个以灾害信息服务、灾害应急事务处理为目标的灾害信息系统，有代表性的包括加拿大应急管理署主持的全球危机和应急管理网络，美国联邦应急管理署主持的全球应急管理系统，联合国国际减灾办公室主持的国际灾害信息资源网络，美国联邦应急管理署主持的紧急响应系统，日本的灾害应变系统、信息传达系统和快速评估系统。另外，我国的核事故应急决策系统等均已开始发挥作用。

目前，应急管理已经融合了人工智能、知识管理、地理信息系统（GIS）、建模理论、仿真等多方面的技术。面向应急事件的管理系统通常具有两种类型：

(1)以及时通畅的通讯沟通和实施有效的指挥调度为目的环境应急管理系统(Environmental Emergency Management System，EEMS)，这类系统是以及时通畅的通讯沟通和实施有效的指挥调度为目的，不强调在应急反应过程中的知识管理。这类突发公共应急管理系统通常需要具有较强的信息图形化显示能力，目前绝大部分的EEMS是基于GIS构建的，如基于GIS构建的用于化学和核污染覆盖区域表示的EEMS，油污染的图形化建模EEMS[3]和飓风路径预测EEMS[4]等。

(2)以决策支持功能为主的环境(应急)决策支持系统(Emergency Decision Support System，EDSS)，这类系统通常是以在应急反应中为决策者提供强有力的决策支持为目的。近二十年以来，计算机和人工智能技术在EDSS的研究方面做出了许多成果，如Guariso的基于规则推理的应急决策系统[5]，Mora-Lopez运用定性推理的气象数据预测[6]，Avesani基于约束满意度方法的森林火灾管理[7]，Varis的基于模型推理与Bayesian决策分析的环境与资源管理，以及Raman提出的运用神经网络计算水库蓄水安全操作[8]等等。

近几年，随着人工智能与知识管理取得不断的进展，EDSS已经正逐步转向集成和增强基于知识的人工智能技术，它强调知识库的构建与管理，信息的检索，以用于监测、数据分析、通讯、信息存储与提取，在工业控制、制造、医学、商业、教育等领域得到应用。在突发事件快速反应的过程中，向决策者提供必要的决策知识是提高决策效率的关键，相关研究包括：Cortes提出的环境检测及应急反应决策支持系统(IDSS)[9]；Hemandez首次将知识片断的概念引入应急决策知识管理系统[10]，他认为决策知识表示也应当遵循知识片断的这一特殊形式。在应急管理的决策支持相关研究中，越来越多的研究者开始关注应急决策支持过程中涉及的知识管理问题，如环境检测中的应急反应决策支持和化学品事故处理中的知识获取[11]，基于Agent的决策知识管理[12]等。Ceglowski通过对病人治疗活动进行数据挖掘和知识发现来确定治疗方案的方法[13]。加拿大 Western Ontario 大学的 Zhu 研究了化学品泄露事件专家系统中的知识获取问题,运用知识的定向分析方法和知识域矩阵(KDM)完成知识的获取过程[14]。中国台湾的 T. H. Y 在此基础上,进一步研究了化学爆炸事故应急反应中知识获取问题,探讨了不同阶段的知识反应问题[15]。

国内虽然已有一些研究成果,例如核事故应急决策系统等均已经开始发挥作用。但是,总的来说,关于应急决策知识管理的研究仍处于起步阶段,相关的研究主要从信息技术及其应用视角出发,展开的研究相对集中在寻求应急系统的技术支撑上,各项研究成果也还都是阶段性的。面向知识的应急决策支持方面的研究也处于较初级阶段,知识管理技术的发展正推动着应急管理的进步,所以有必要从理论上对其展开深入研究。

本书所研究内容正是基于以上背景结合笔者所主持和参与的科研课题确定的,2005 年以来笔者主持了教育部人文社科基金“基于技术创新的企业知识管理方法与策略研究”(项目编号 05JA630042),并以此为开端,结合在美国宾西法尼亚州立大学所参与的“突发事件应急反应管理”研究以及国家“863”项目:面向水利信息化的高性能计算与网格应用(项目编号:2006AA01A126)和国家“十一五”科技支撑计划项目:国家应急平台体系关键技术研究与应用示范(项目编号:2006BAK01A22)等科研项目为背景,着重从知识管理、应急决策理论研究入手对应急决策中的知识管理进行深入的探讨,并在这些研究基础之上形成了本书。

1.1.3 研究的现实与理论意义

国际危机管理方面的专家 Mitroff 和 Pearson 认为收集、分析和传播信息是危机管理者的直接任务,危机发生的最初几小时(或危机持续时间很长时的最初几天)内,管理者应同步采取一系列的关键的行动。这些行动就是“甄别事实,深度分析,控制损失,加强沟通”[1]。决策者能够在突发事件发生后,快速、准确地发布指挥调度指令所需的背景知识主要来自于事先所制定的各种法律、法规、条例、应急预案等政策文件和各地区应对突发公共事件的经验总结等知识。由此可见，决策者如何快速获取这些知识，是影响决策者决策的重要因素。然而，由于应急突发事件的紧迫性，这种知识获取过程会受到应急问题所处情境的影响，同时，由于目前这些知识的分散性、不完整性以及目前知识管理水平较低的现状使得知识的快速获取存在较大的难度。因此，研究面向应急决策的知识管理问题对提高应急决策的有效性具有重要的现实和理论意义。

1.2 国内外研究现状

国外众多学者都针对知识管理从不同角度进行了阐述。Bassi(1997)认为，知识管理是指为了增强组织的绩效而创造、获取和使用知识的过程[206]。P. Quitas(1997)等把知识管理看作是一个管理各种知识的连续过程，以满足现在和将来出现的各种需要，确定和探索现有和获得的知识资产，开发新的机会，知识管理的目标就是力图能够将最恰当的知识在最恰当的时间传递给最恰当的人，以便使他们能够做出最好的决策[207]。

目前应急决策知识管理相关的研究主要集中在以下几点：

1. 关于知识敏捷性的研究

知识敏捷性是近几年知识管理领域出现的一个新的研究课题，从决策知识供给的敏捷性角度分析可以看出快速有效地获取背景知识是目前应急决策知识获取亟待解决的问题。德国学者在这方面取得了较多的研究成果，有影响的包括 Baumeister 运用敏捷过程建模技术(Extreme Programming)构建的诊断知识系统，可以有效减少知识获取的开销，同时提出了“知识分类到知识容器”的方法框架[41]。Harald Holz 认为知识处理包括敏捷弱知识结构的处理和严格结构的知识处理，其中敏捷弱结构的知识处理不能用以往的建模来实现，并给出了不同阶段的原型以支持敏捷弱结构知识的处理[42]。Soren Auer(2006)提出了一种敏捷知识工程方法论(RapidowL),这个方法是基于对知识库的反复提炼、注释和结构化处理。建立 RapidowL 的目的是为了知识库的稳定性,减少知识变化的代价,使领域专家可以及时地从各种角度评价表示的知识,以增强领域专家同知识工程师之间的协调与协作。2006 年 3 月欧盟启动了一个名为 SAKE(Semantie-enabled Agile Knowledge-based E-govement)的 STREP 项目[43],其目的主要是发展和配置基于敏捷知识电子政府的整体的框架和支持工具。

应急知识供给与获取的速度和质量极为重要,关系到应急管理策略的正确性和速度。如何有效缩短知识获取时间已成为解决应急反应组织间协同工作的重点[44],Viviane 也认为应急反应的重要内容可以分为应急反应组织间的协同工作、争取时间、从应急框架中获取决策知识(包括其他协同部门的动态活动报告[45])三个部分。尤其在应急反应过程中,将更加强调时间因素,其敏捷性是评价应急反应能力的主要指标,涉及知识的表示、传递和处理。

2. 关于知识表示方法的研究

知识表示就是对知识的表示,它是知识系统工程的关键问题和瓶颈,也是知识处理的基础,是对知识进行量化、存储、推理等处理的前提。心理学认为,记忆、学习、问题求解、规划等是关于智能行为研究的基本研究,AI 将它们的共同问题归结为表示、推理与搜索的研究[215]。而进一步的研究使人们认识到,无论是推理还是搜索均在某种程度上依赖于知识的表示。

知识表示可以被认为是追求被表示事物的结构特性和运动特性的相似性。常用的知识表示方法包括产生式表示法、谓词表示法、框架表示法、面向对象表示法、基于范例表示法、语义网络表示法、基于粗糙集的表示法、基于语言场的表示法等。近几年又出现了一些新的知识表示方法,如基于本体表示法、基于知识网格的复杂知识表示法、基于模糊逻辑和模糊规则的不确定知识表示法、基于粗糙理论的知识表示法、基于概念图的知识表示法等。通常知识的结构具有针对性和局限性，针对不同的应用领域，不同的知识表示方法具有不同的优势和劣势，所采用的知识表示方法同知识的组织、知识的结构和知识的使用方法密切相关。

Stephano Poulos 认为知识表示领域中一个重要而艰难的任务就是从各类资源中进行数据、信息和知识的整合[53]。法国的 Degoulet 较早从决策的特征、不同知识表示对决策的支持和确定知识假设三个方面研究了决策系统中的知识管理问题，并建立了情境、概念、计算三个层次的知识表示模型，将其应用于医学急救决策。对于应急决策知识表示，是知识的具体表示方法，在经过相应的处理环节，最后才能实现知识管理的最终目的即知识使用。

上海交通大学苏海(2007)建立了网络环境下以知识图为核心的产品设计类知识重用、共享模型，并构建了网络环境下知识图管理系统框架。但是由于目前的网络环境对知识图系统的支持不足，并且关于知识网格的理论和技术研究还有待逐步完善，如何利用网格技术来构建知识图系统，还需要进一步深入研究。

同时，知识表示的敏捷性也是目前应急决策知识管理的一个研究热点。

3. 关于知识推理的研究

知识推理是按照某种策略从已知事实或知识中推导出新知识的过程。它是在人工智能领域重要的研究课题之一，近几年具有代表性的推理方法包括基于产生式规则的推理方法、基于模糊逻辑的推理方法、基于 Petri 网的知识推理方法和基于案例的推理方法。

国防科技大学的谷建光(2008)在基于知识工程的产品设计领域，研究了产品实例设计知识与领域专家设计经验相结合的知识获取技术，提出了实例知识与专家经验的融合算法和获取结果的神经网络规则表示，在此基础上给出了实例与经验相结合的产品设计知识获取实现框架。

关于基于案例的推理在应急管理中的应用，韩国的 Noh 提出了运用认知图(Cognitive Map,CM)来形式化表示隐性知识，并采用基于案例推理驱动的隐性知识表示[57]。爱尔兰都柏林圣三一学院的 Cunningham 应用基于案例的推理的迭代方法来解决航空交通控制系统中的航线冲突问题[58]。在应急决策知识快速反应过程中，知识推理是根据应急问题描述的知识，推理出避免灾害进一步扩大化的相关的必须一并解决的连锁问题，这种推理的一个直观感觉就是应急问题间的关联知识获取。

4. **知识共享研究**

实现信息共享与交流，是有效应对管理危机、应急反应和灾难恢复的关键。

浙江大学潘旭伟(2003)分析了面向知识管理的知识建模技术的需求，提出并阐述了基于知识载体、知识内容信息和知识情境的知识建模技术，并分析了该技术如何支持知识与知识、知识与人以及知识与过程的集成。四川大学成尔京(2004)通过分析 STEP 与 XML、XML 与关系数据之间的映射规则，提出了一种在产品资源仓库支持下实现异构设计信息共享与交换的方法。

5. **知识建模研究**

应急处置业务通常需要集成不同领域、地域，甚至国际间的应急管理专家和临场处置人员的知识、经验及典型案例等。如何让计算机能够表述并理解这些知识，从而让计算机辅助生成初步的突发事件处置方案是应急知识管理研究的一个热点。

美国国防部高级技术研究署(DARPA)所研究的高性能知识库系统(HPKB)就是以提高指挥决策的自动化程度为目的试图实现“观察—判断—决策—行动”全过程的智能化，现已取得了较大进展[48]。HPKB 把对信息的处理提高到知识层次，能够智能地自动实现对信息的选择、组织和操纵，以使其适于特定军事任务、过程等。

CoAKTinG 受英国 e-Science 网格研究计划资助，它的研究促使网格研究向语义网格研究过渡和发展。Austin Tate[49]教授等以 e-Response[52]、I-rescue[54][55]为 CoAKTinG 的示范应用，利用 CoAKTinG 工具集开发了多 Agent 协作系统，用于辅助应急响应中不同场所人员的协作，以提高应急响应的效率。这些研究为成功地将 AI 技术与管理技术运用于应急管理奠定了基础。

1.3 问题的提出

应急决策作为对突发事件进行有效预警、控制和处理的过程，中西方学者对此一直进行着深入细致系统的理论与应用研究。自 20 世纪 90 年代以来，国际上已经逐步建立了若干个以灾害信息服务、灾害应急事务处理为目标的灾害信息系统，有代表性的包括加拿大应急管理署主持的全球危机和应急管理网络，美国联邦应急管理署主持的全球应急管理系统，联合国国际减灾办公室主持的国际灾害信息资源网络，美国联邦应急管理署主持的紧急响应系统，日本的灾害应变系统、信息传达系统和快速评估系统。

国内已有学者从应急决策中知识管理的不同侧面展开了研究，为应急决策的发展和应急决策水平的提高奠定了良好的基础，但是应急决策知识管理是一个复杂系统工程问题。由于应急决策是在时间紧迫、参与决策主体众多，同时决策事件复杂多变、利益相关者众多、所运用知识涉及的领域种类庞杂、决策环境复杂多变、需要用到大量的危机信息的情况下，进行的非常规的一次性决策，对决策知识的依赖程度高，所以有必要运用系统工程的思想方法加强对应急决策知识集成的研究。

本书以系统工程思想为指导，着重从知识管理、应急决策理论研究入手，运用系统工程的理论方法对应急决策知识管理系统集成以及知识表示、知识获取与知识共享等关键技术问题进行深入的探讨。

1.4 研究内容、方法及技术路线

应急决策过程最重要的就是综合各方面的信息和各种专业人员的知识和智慧，组织协调各部门、各种资源和信息，及时有效地做出决策并实施决策。中国工程院院士王众托教授认为应该从系统工程的角度看待知识管理问题，并提出了知识系统工程的新学科概念[231][232]。本书将运用系统工程理论思想，采取理论研究与实际应用研究相结合的方式，结合知识管理、软件工程和应急决策的理论和方法，研究应急决策知识管理系统集成及其关键技术问题。

本书各章节的主要内容如下：

第一章为绪论，从现实背景和理论背景出发，分析提出本书所有研究的主要问题，确定本书研究的主要内容。

第二章为相关文献综述，主要对应急管理、应急决策、知识管理等几个方面国内外的近年来的研究进展情况，分别进行了梳理和总结，为下一步的研究工作奠定理论基础。

第三章分析了应急决策知识管理过程、知识管理系统结构以及应急决策领域知识特征，并在此基础上，结合知识管理、决策科学、计算机和人工智能等领域的技术成果，提出了应急决策知识管理系统的概念模型，构建了应急决策知识管理系统集成框架，分析提炼出了应急决策知识管理系统的核心技术为知识表示、知识获取和知识共享问题，并对其展开了研究。

第四章是关于基于知识图的应急决策知识表示方法及可视化应用研究，在介绍了知识图的相关概念的基础上，提出了面向主题的知识组织与管理方法。通过知识图实现水利知识和应用的可视化应用模式，并构建了面向防汛抗灾水库调度业务应用知识图库。

第五章是关于基于事例推理的知识获取方法及其应用研究，研究了基于事例推理的隐性知识获取方法，以防汛抗灾洪水调度为例提出了基于事例推理的水库调度方法，并针对事例的优选问题，提出了基于Vague集模糊多目标决策的事例优选方法。

第六章是关于知识共享问题研究，在对知识共享可能性和必要性问题进行了分析讨论之后，对其实施过程和障碍进行了深入分析，利用开放复杂巨系统的理论及方法，提出了应急决策综合集成研讨厅的框架，并运用信息系统技术，建立了应急管理系统综合集成研讨厅的总体框架，着重解决洪水信息系统综合集成问题。

第七章是应急决策知识管理系统集成的实现。

第八章是结论，对本书的研究结果和创新点进行总结，并指出本书的研究局限性和尚待进一步研究的内容，对构建我国应急决策知识管理体系提出了建议和对策。

本书研究的总体框架和技术路线如图 1－2 所示。

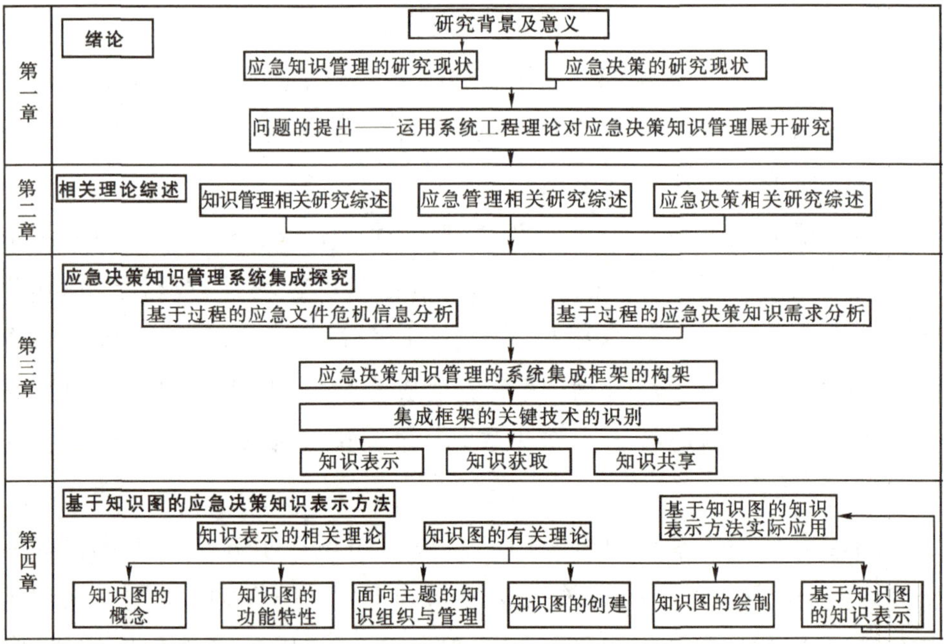

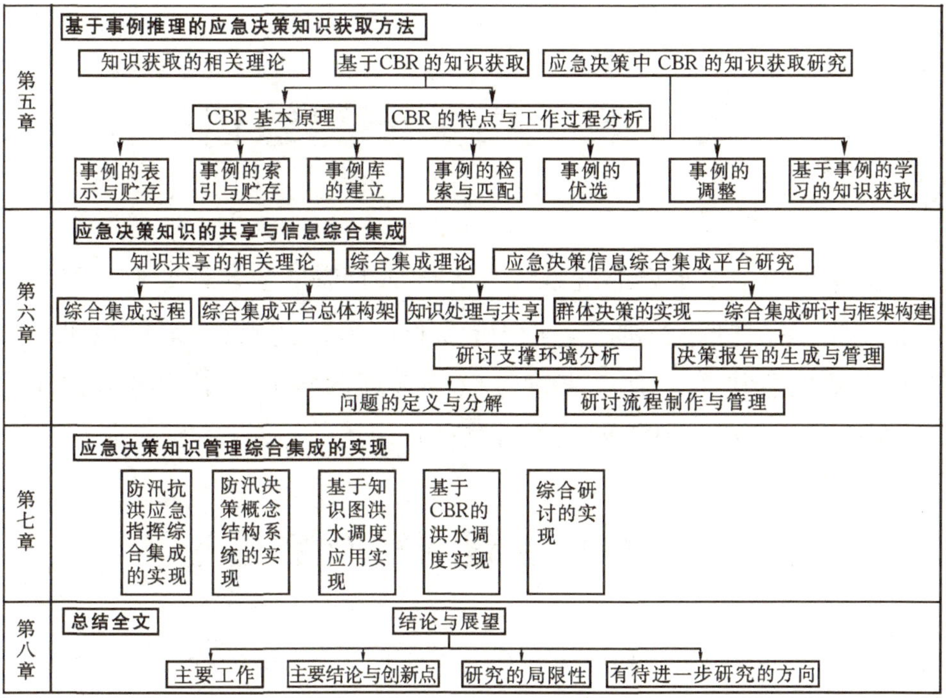

图1-2 本书研究的总体框架和技术路线

第 2 章　相关研究综述

应急管理中最重要的就是综合各方面的信息和各种专业人员的知识和才能，组织协调各部门、各种资源和信息，更快更好地做出决策并进行实施应急决策。应急决策是应急管理的核心。本章将对知识管理、应急管理和应急决策的相关研究进行综述。

2.1　知识管理相关研究综述

1996 年世界经济合作与发展组织（Organization for Economic Co-operation and Development，OECD）在年度“科学技术和产业展望”的报告中首先提出了“以知识为基础的经济”（Knowledge-based Economic）的概念，这一提法强调了知识作为一种资源在经济社会中所具有的基础特性，人们把它称为“知识经济”（Knowledge Economic）。

以 1997 年波士顿大学信息管理学教授达文波特所著的《营运知识》一书为标志，知识管理引起了学术界和企业的广泛关注。

知识管理源于企业、组织的实践活动，又为实践与理论的相互推动丰富和发展，有效的知识管理能够推进组织的知识创造能力。作为管理学领域的一个新课题，知识管理引起人们对其研究和探索。

2.1.1　国外研究综述

国外众多学者都针对知识管理从不同角度进行了研究。

Horton(1979)从资源管理演化的角度提出了知识管理的概念。德鲁克(1988)指出，企业管理是基于知识的，“在知识社会中，知识已代替自然资源、金融资本等成为最为重要的资源”。日本学者野中郁次郎

(1991)提出，知识经济中知识成为企业持续获得竞争优势的源泉。Bassi(1997)认为，知识管理是指为了增强组织的绩效而创造、获取和使用知识的过程[206]。P. Quitas(1997)等把知识管理看做是一个管理各种知识的连续过程，以满足现在和将来出现的各种需要，确定和探索现有和获得的知识资产，开发新的机会，知识管理的目标就是力图能够将最恰当的知识在最恰当的时间传递给最恰当的人，以便使他们能够做出最好的决策[207]。Vema Allee(1997)对知识管理的定义是"帮助人们对拥有的知识进行反思，帮助和发展支持人们进行知识交流的技术和企业内部结构，并帮助人们获得知识来源，促进他们之间进行知识的交流"[208]。Carl Frappuolor(1998)提出"知识管理就是运用集体的智慧提高应变和创新能力"。他还认为知识管理应有外部化、内部化、中介化和认知化四种功能。外部化是指从外部获取知识并按一定分类进行组织；内部化是指知识的转移，即从外部知识库中筛选、提取人们想得到的与特定用户有关的知识；中介化是指为知识寻找者找到知识的最佳来源；认知化则是将以上三种功能获得的知识加以应用的过程[209]。E. Maise(1998)认为，知识管理是一个系统地发现、选择、组织、过滤和表述信息的过程，目的是改善雇员对待特定问题的理解[210]。T. H. Davenport(1998)指出，知识管理真正的显著方面分为两个重要类别：知识的创造和知识的利用[211]。Sveiby(1999)从认知论的角度对知识管理进行了定义，他认为知识管理是利用组织的无形资产创造价值的艺术[212]。Wiig(2000)认为，知识管理主要涉及四个方面：自上而下地监测、推动与知识有关的活动，创造和维护知识基础设施，更新组织和转化知识资产，使用知识以提高其价值[213]。美国生产力和质量中心(APQC)认为，知识管理应该是一种组织有意识采取的战略，它保证能够在最需要的时间将最需要的知识传送给最需要的人。这样可以帮助人们共享信息，并进而将其通过不同的方式付诸实践，最终达到提高组织业绩的目的。

对知识管理的研究可以归纳为三个学派，即技术学派、行为学派和综合学派[214]。

技术学派认为知识管理就是对信息的管理。这个领域的研究者和专家们一般都有着计算机科学和信息科学的教育背景。他们常常被卷入到对信息管理系统、人工智能、重组和群件等的设计、构建过程当中。对他们来讲,知识等于对象,并可以在信息系统当中被标识和处理。

行为学派认为知识管理就是对人的管理。这个领域的研究者和专家们一般都有着哲学、心理学、社会学或商业管理的教育背景。他们经常卷入到对人类个体的技能或行为的评估、改变或是改进过程当中。对他们来说,知识等于过程,是一个对不断改变着的技能等的一系列复杂的、动态的安排。这些人在传统上要么像一个心理学家那样热衷于对个体能力的学习和对管理方面进行研究,要么就像一个哲学家、社会学家或组织理论家那样在组织的水平上开展研究。

综合学派认为知识管理不但要对信息和人进行管理,还要将信息和人连接起来进行管理;知识管理要将信息处理能力和人的创新能力相互结合,增强组织对环境的适应能力。组成该学派的专家既对信息技术有很好的理解和把握,又有着丰富的经济学和管理学知识。他们推动着技术学派和行为学派互相交流、互相学习,从而融合为自己所属的综合学派。由于综合学派能用系统、全面的观点实施知识管理,所以能较快地被企业界接受。

目前关于知识管理的研究当中与应急管理相关的研究热点主要集中在以下几点:

1.知识的敏捷性研究

知识敏捷性是近几年知识管理领域出现的一个新的研究课题。德国学者在这方面取得了较多的研究成果,有影响的包括 Baumeister 运用敏捷过程建模技术(Extreme Programming)构建的诊断知识系统,可以有效减少知识获取的开销,同时提出了"知识分类到知识容器"的方法框架[41]。Harald Holz 认为知识处理包括敏捷弱知识结构的处理和严格结构的知识处理,其中敏捷弱结构的知识处理不能用以往的建模来实现，并给出了不同阶段的原型以支持敏捷弱结构知识的处理[42]。Soren Auer(2006)提出了一种敏捷知识工程方法论(RapidowL)，这个方法是基于对知识库的反复提炼、注释和结构化处理。建立 RapidowL 的目的是为了知识库的稳定性，减少知识变化的代价，使领域专家可以及时地从各种角度评价表示的知识，以增强领域专家同知识工程师之间的协调与协作。2006 年 3 月欧盟启动了一个名为 SAKE(Semantie-enabled Agile Knowledge-based E-govement)的 STREP 项目[43]，其目的主要是发展和配置基于敏捷知识电子政府的整体的框架和支持工具。

从决策知识供给的敏捷性角度分析可以看出快速有效地获取背景知识是目前应急决策知识获取亟待解决的问题。应急知识供给与获取的速度和质量极为重要，关系到应急管理策略的正确性和速度。如何有效缩短知识获取时间已成为解决应急反应组织间协同工作的重点[44]，Viviane 也认为应急反应的重要内容可以分为应急反应组织间的协同工作、争取时间、从应急框架中获取决策知识三个部分[45]。尤其在应急反应过程中，将更加强调时间因素，其敏捷性是评价应急反应能力的主要指标，涉及知识的表示、传递和处理。

2. 知识表示方法

知识表示就是对知识的表示，是指用可行的、有效的、通用的能够用工具(如在计算机上)表达知识的原则和方式方法。其实质就是探讨知识符号化和形式化的方式方法，它是知识系统工程的关键问题和瓶颈，也是知识处理的基础，是对知识进行量化、存储、推理等处理的前提。心理学认为，记忆、学习、问题求解、规划等是关于智能行为研究的基本研究，AI 将它们的共同问题归结为表示、推理与搜索的研究[215]。而进一步的研究使人们认识到，无论是推理还是搜索均在某种程度上依赖于表示。知识表示可以被认为是追求被表示事物的结构特性和运动特性的相似性。

常用的知识表示方法包括产生式表示法、谓词表示法、框架表示法、面向对象表示法、基于范例表示法、语义网络表示法、基于粗糙集的表示法、基于语言场的表示法等。近几年又出现了一些新的知识表示方法，如基于本体表示法、基于知识网格的复杂知识表示法、基于模糊逻辑和模糊规则的不确定知识表示法、基于粗糙理论的知识表示法、基于概念图的知识表示法等。

通常知识的结构具有针对性和局限性，针对不同的应用领域，不同的知识表示方法具有不同的优势和劣势，甚至有的方法的出现就是因为某种应用的需求而产生的，所采用的知识表示方法同知识的组织、知识的结构和知识的使用方法密切相关。

对于结构化知识表示，国外一些学者认为知识工程中的结构化知识是用定义数据结构表示知识中存在的一个清晰的概念，是一个普遍原理的集合，是被转化成能被计算机理解的形式化知识模型[47]。

从知识表示的结构角度来看，知识是一种经过结构化处理，并具有特定粒度的信息，有着严格定义的数据结构。为便于以后提取而用特殊方式组织起来的数据和信息[50]，可被理解为是一个集合，可以被换成计算机可理解的知识模型。

Stephano Poulos 认为知识表示领域中一个重要而艰难的任务就是从各类资源中进行数据、信息和知识的整合[53]。法国的 Degoulet 较早从决策的特征、不同知识表示对决策的支持和确定知识假设三个方面研究了决策系统中的知识管理问题，并建立了情境、概念、计算三个层次的知识表示模型，并将其应用于医学决策。对于应急决策知识管理的研究，需要从知识的具体表示方法，经过相应的处理环节，最后实现知识使用的最终目的。同时，知识表示的敏捷性也是目前的一个研究热点。

3. **知识推理**

知识推理是按照某种策略从已知事实或知识中推导出新知识的过程。它是在人工智能领域重要的研究课题之一，近几年具有代表性的推理方法包括基于产生式规则的推理方法、基于模糊逻辑的推理方法、基于 Petri 网的知识推理方法和基于案例的推理方法。

关于基于案例的推理，韩国的 Noh 提出了运用认知图(Cognitive Map，CM)来形式化表示隐性知识，并采用基于案例推理驱动的隐性知识表示[57]。爱尔兰都柏林圣三一学院的 Cunningham 应用基于案例的推理的迭代方法来解决航空交通控制系统中的航线冲突问题[58]。在应急决策知识快速反应过程中，知识推理是根据应急问题描述的知识，推理出避免灾害扩大化的相关必须一并解决的连锁问题，这种推理的一个直观感觉就是应急问题间的关联知识获取。

4. **知识共享**

随着知识管理理论与实践的发展，知识共享引起了人们关注。根据《知识管理评论》(*Knowledge Management Review*)2001 年 11 月份的调查结果，在知识管理面临的十项最大挑战中，知识共享排在第二位。知识在主体(个人、部门、组织、地区等)之间的分布是不均衡的，存在着知识差距。知识共享不仅为组织综合利用各方面知识作决策带来方便，而且还是组织各部门、各关联组织之间协同发展的需要。知识共享会使组织创造的知识指数倍增加。实现信息共享与交流，是有效管理危机、应急反应和灾难恢复的关键。

5. **知识建模研究**

应急处置业务通常需要集成不同领域、地域，甚至国际间的应急管理专家和临场处置人员的知识、经验及典型案例等。如何让计算机能够表述并理解这些知识，从而让计算机辅助生成初步的突发事件处置方案是应急知识管理研究的一个热点。

美国国防部高级技术研究署(DARPA)所研究的高性能知识库系统(HPKB)就是以提高指挥决策的自动化程度为目的试图实现“观察—判断—决策—行动”全过程的智能化，现已取得了较大进展[48]。HPKB 把对信息的处理提高到知识层次，能够智能地自动实现对信息的选择、组织和操纵，以使其适于特定军事任务、过程等。

CoAKTinG 受英国 e-Science 网格研究计划资助，它的研究促使网格研究向语义网格研究过渡和发展。Austin Tate[49] 教授等以 e-Response[52]、I-rescue[54][55]为 CoAKTinG 的示范应用，利用 CoAKTinG 工具集开发了多 Agent 协作系统，用于辅助应急响应中不同场所人员的协作，以提高应急响应的效率。这些研究为成功地将 AI 技术与管理技术运用于应急管理奠定了基础。

Lien(2007)认为知识管理在学术研究和实践应用两个领域都取得了理论和技术上的突破式发展，借助于信息技术的应用，知识管理系统在知识的获取、存储和传播等方面起到了积极的促进作用。该研究提出了包含五个步骤的知识工程体系：①采用知识建模工具将不同类型的知识转换为统一的知识表述语言；②采用校验机制针对转换结果按照标准语义进行知识表述方面的检查和修正；③将知识模型分类并存储于具有层次结构的本体系统中；④设计标准的知识查询语言以促进知识传播；⑤建立知识更新机制以使用户能够根据个人需要修正知识库中的知识条目。该研究的价值在于建立了完善并且具有广泛适用性的知识本体模型，该模型贯穿了知识管理的整个生命周期，包括知识建模、知识校验、知识存储、知识查询和知识更新。但是该研究未涉及知识管理模型在分布式和网络化环境下的应用分析。

2.1.2 国内关于知识管理的研究综述

1999 年以来，我国关于知识经济的研究和实践逐渐从宏观层次转向了微观领域，学术界开始研究知识经济的微观基础——企业知识管理等问题。知识管理被认为是对知识及知识的作用进行管理。广义的知识管理指知识经济环境下管理思想与管理方法的总称。

我国著名学者乌家培认为，“信息管理是知识管理的基础，知识管理是信息管理的延伸与发展。信息管理经历了文献管理、计算机管理、信息资源管理、竞争性情报管理，演进到知识管理。知识管理是信息管理发展的新阶段，它同信息管理以往各阶段不一样，要求把信息与信息、信息与活动、信息与人连结起来，在人际交流的互动过程中，通过信息与知识(除显性知识外还包括隐性知识)的共享，运用群体的智慧进行创新，以赢得竞争优势”。他还指出最宽泛的关于知识管理就是知识时代的管理，最狭义的理解则是对知识资产（或智力资本）的管理。而对知识的管理和用知识来管理则介于二者之间。虽然对知识管理的理解不同，但视知识为一种重要生产要素加以管理的认识却是相同的，对知识管理日趋重要的认识也是一致[56]。

国内多数学者比较认同知识管理就是对一个企业集体的知识与技能的捕获，然后将这些知识与技能分布到能够帮助企业实现最大产出的任何地方的过程。有效的知识管理能够大大提升组织的知识创造能力[6]。知识管理的目标就是力图将最恰当的知识在最恰当的时间传递给最恰当的人，以便使他们能够做出最好的决策。

在知识表示方面，国内学者也开始了相关研究。王珏(1995)提出，“知识是对智能行为的一种数学抽象模型”[46]。知识表示可以被认为是追求被表示事物的结构特性和运动特性的相似性。通常知识的结构具有针对性和局限性，针对不同的应用领域，不同的知识表示方法具有不同的优势和劣势，甚至有的方法的出现就是因为某种应用的需求而产生的，所采用的知识表示方法同知识的组织、知识的结构和知识的使用方法密切相关。

2000 年，以国家自然科学基金管理科学部将“企业知识管理问题研究”作为鼓励研究领域为标志，国内学术界关于知识管理的研究将掀起一个高潮，并将波及到企业界，引发一个企业知识管理实践的高潮。与此同时，关于知识共享的研究也引起了许多学者的关注，在国内有更多学者从不同的角度关注知识共享的障碍和对策，也有部分学者关注知识共享的博弈和有关技术。信任问题是社会学的一个问题，近来越来越频繁地被经济学所用，许多研究知识共享的障碍的文献越来越关注于信任的重要性。这些研究工作在一定的程度上促进了知识共享的发展。

2.2 应急管理相关研究综述

2.2.1 国外应急管理研究综述

所谓应急决策就是在紧急状态且极其不确定情境下，受到有限的时间、信息、资源和人力等约束，决策主体以控制危机蔓延和降低危机损失为目标，迅速调动有限决策资源，经过全局性地考虑和筹谋之后，通过非常规程序和手段所作的一次性快速决断。应急决策是应急管理的核心内容，要深入研究应急决策有必要首先对危机和应急管理进行研究。

应急管理(Emergency Management)，通常又称为危机管理或灾害管理。应急管理作为一门新兴的学科，目前还没有一个被普遍接受的定义。学者们就应急管理的概念提出了各自的不同看法。

下面将试归纳国外机构和学者对应急管理的相关理解。

"应急管理"涉及应急策略的设计、应急管理组织的建立、应急环境监测、偶发性的规划以及与特定危机事件有关的管理措施等，其目的在于解决危机，使社会、组织或个人恢复正常状态，并修补损害[22]。

Steven Fink(1986)在他的"*Crisis Management: Planning for the Invisible*"一书中指出所谓的危机管理(Crisis Management)是指组织对所有危机发生因素的预测、分析、化解、防范等而采取的行动，包括组织面临的政治的、经济的、法律的、技术的、自然的、人为的、管理的、文化的、环境的和不可确定的等所有相关的因素的管理[24]。库姆斯(Coombs W. Timothy，1999)认为，危机管理就是为恰当处理危机提供指导原则，以便避免或减少损失[25]。

虽然，危机事件演变迅速，具有很强的不确定性和多变性。但是，它有一个从量变到质变的过程，有着自身发展的逻辑。由于公共危机状态的特殊性，要求危机管理行为渗透到危机生命周期中进行动态管理。对于公共危机管理的阶段界定有着许多的说法，人们运用企业危机生命周期的概念来揭示和描述企业危机现象的全过程及其一般规律，提出危机生命周期管理的理论和方法[27]。

生命周期(Life Cycle)的概念源于生命科学领域。近些年来，“生命周期”的概念已经被广泛应用到政治、经济、环境、技术、社会等诸多领域，澳大利亚公共政策专家阿索尔·耶茨(Athol Yates)对危机发展的基本过程进行了描述，将危机发展划分为四个阶段，相应地，危机管理也分为四个环节[28]，即危机前的预防(Prevention)、危机前的准备(Preparation)、危机爆发时的应对或反应(Response)以及危机结束期的恢复(Recovery)。美国联邦紧急事务管理局(FEMA)在 PPRR 模式的基础上对危机管理生命周期进行了修正[29]。FEMA 把危机分为四个阶段：减缓/缓和(Mitigation)、预防/准备(Preparation)、反应/回应(Response)和恢复(Recovery)。南澳大学管理学院罗伯特·希斯(Robert J. Heath)提出了缩减(Reduction)、预备(Readiness)、反应(Response)和恢复(Recovery)的危机管理 4R 模型[113]。美国学者芬克(Steven Fink)用医学术语形象地对危机的生命周期进行了描述[30]，把危机过程划分为四个阶段：征兆期——危机潜伏阶段、发作期——危机爆发阶段、延续期——危机持续阶段、痊愈期——恢复重建阶段。米特罗夫(Mitroff)提出了危机信号侦测、危机准备和预防、损害的控制与处理、恢复工作和在危机中学习的五阶段模型(M 模型)[31]。Chanuka Wattegama(2007)在 ICT for Disaster Management 中提出了六阶段模型包括响应、恢复、风险降低、预防、准备、灾难。本书认为 Chanuka Wattegama 的六阶段模型是对库姆斯(W. T. Coombs)的危机前、危机、危机后三阶段模型[32]的扩充。

2.2.2　国内关于应急管理的相关研究综述

国内危机管理专家也基本赞同这种宏观的划分，认为选用三分法来描述危机管理过程不仅可以兼容其他模型的特点，而且利于对其进行子阶段的划分，以满足精细的需要，因此，易于得到大多数专家学者的认同。

国内更惯于使用"危机管理"一词。我国自古就有危机管理的思想，"居安思危，思则有备，备则无患"、"安而不忘危，治而不忘乱，存而不忘亡"和"防患于未然"等精辟论述，反映出中国历史上"治国安邦"必须具备的危机意识。但是，关于现代意义上的危机管理的研究起步则较晚，直到 20 世纪 90 年代，孙明贵（1990）在《外国经济与管理》发表文章，介绍了西方企业危机管理的经验[34]。胡平的《国际冲突分析与危机管理研究》作为我国较早的一部涉及危机管理方面的专著[36]1993 年才问世。曹现强（2003）认为国内各类突发公共事件的急剧增长，各种危机相继袭来，中国进入了危机高发时期[35]。

"9·11"事件，使社会公共危机问题成了各国政府部门、企业界和学术界等关注的焦点，我国兴起了一股应急管理研究热。

"非典"之后，我国应急管理研究集中到了公共卫生与健康、社会保障与弱势群体保护、政府问责机制建设与公共服务等领域，对突发公共卫生事件应急反应体系建设的研究成为热点之一。如薛澜等（2003）发表了《SARS 事件与中国危机管理体系建设》，认为 SARS 的流行从公共卫生危机演变成了具有多重意义的复合型危机，并从危机管理的角度分析了 SARS 危机在中国的演变过程和特点，并提出了当代中国危机管理体系的基本框架[37]。同时，危机管理研究也深入到了很多具体行业内，对企业危机管理研究成为另一个热点。加入 WTO 后，企业管理者逐步认识到成功的危机管理不仅能化解危机，还能够增加外界对企业的了解重塑企业的良好形象。企业危机管理研究引起了学界和企业界的高度重视，出现一些将危机管理理论和方法与行业特点相融合应对企业危机的研究成果，有影响的包括颜真（2004）的《物业管理危机处理及案例分析》、邹统钎（2005）的《旅游危机管理》等。

2.3　决策与决策支持系统的研究综述

所谓应急决策，是指决策者在有限的时间、资源等约束条件下，制定应对应急事件的具体行动方案的过程[216]。广义的应急决策是从应急事件产生前就开始研究解决有关的问题，如预防政策和规划的制定、应急设施的最佳配置、预测和监测的方法及手段、应急预案的制定等，以及事件发生后的决策，包括搜集各种有关信息，把危机控制在一定范围内，避免其进一步蔓延，以及一些善后处理等。狭义的应急决策特指事发时的决策，即在应急事件刚刚发生或出现某种征兆时，必须在极短的时间内，搜集、处理有关的信息，明确问题与目标，拟定各种可行方案，组织实施并不断跟踪检验，及时纠正决策过程中的失误，直至问题彻底解决为止的一个动态过程。应急决策是应急管理的核心，区别于常规决策，具有决策目标动态权变、决策环境复杂多变、决策信息不对称、决策资源有限等特点，目前尚无成熟的方法。学术界运用决策支持系统的各类方法，为应急决策提供理论分析和支持。

科学决策是一个客观过程，是一个主观反映客观的过程。决策行为本质上是在进行信息处理，是运用概念和原则进行判断、决断的过程。20 世纪 50 年代开始，数学模型的方法就是研究该问题的主要途径，但是数学模型方法离实用还有一些距离。而把决策环境和决策者统一兼顾的决策支持系统（Decision Support System，DSS）就成为研究决策问题的一条出路。

2.3.1　国外关于决策支持系统的研究综述

决策支持系统 DSS 的概念是由美国学者 M. S. Scott Morton 在 1971 年《管理决策系统》一文中首先提出的[217]。随后，又有 R. H. Sqraque 与 E. D. Carlson、P. G. W. Keen、S. S. Mittra 等从不同方面对决策支持系统下了定义，归纳起来可以说“决策支持系统是利用数据库、人机交互进行多模型的有机组合，辅助决策者实现科学决策的综合集成系统”[218]。它是信息系统经电子数据处理系统（Electric Data Processing System，EDPS）和管理信息系统（Management Information System，MIS）发展所形成的一种新形式。DSS是以管理科学、运筹学、行为科学和控制论为基础，以计算机技术、仿真技术、人工智能技术、经济数学方法、信息技术和可视化方法等为手段，以模型为驱动，通过提供各种各样数据、信息、模型的分析操作，面向半结构化和非结构化的决策问题，为决策者提供一个将知识性、主动性、创造性和信息处理能力相结合、定性与定量相结合的决策环境，辅助支持中高级决策者进行决策活动的一种人机系统。DSS的应用发展过程主要经历了以下几个阶段[219]~[226]：

(1)20世纪50年代，为了提高工作效率，避免大量计算数据和编制报表等繁杂劳动，形成了EDPS，主要被用来进行单项数据处理和编制报表等事务管理，其主要特征为系统以表格方式驱动。

(2)20世纪60年代中期，由于对计算机系统与各种任务及因素之间的协调与配合出现新的要求，便形成了MIS，主要用来处理模型简单和结构化较强的决策问题，可提高信息处理速度，提高信息系统全局管理质量，其主要特征是系统以数据方式驱动。

(3)20世纪70年代初期，由于进行了DSS的论证、实验和研究，提出了DSS的基本概念。主要实现人机交互技术在管理决策中的应用，实现了辅助管理者对半结构化问题的决策过程。

(4)20世纪70年代中后期，DSS得到进一步发展，Alter等(1997)总结出了能够描述DSS特征的抽象概念。主要实现了支持管理和决策者做出判断和决策，其重点是提供“决策支持”而不是代替“决策过程”。

(5)20世纪80年代初，由于运筹学、决策理论、控制论等在DSS中的深入应用，DSS普遍流行，主要注重提高决策的有效性。

(6)20世纪80年代中后期，由于计算机信息技术、人工智能、知识工程和专家系统的思想和方法渗透到DSS领域中，DSS日益成熟，多领域的、实用的、商品化的 DSS 相继涌现。此时，DSS 主要朝着“如何建立决策支持系统”的方向发展，注重对“决策支持对象和决策理论”和系统柔性问题的研究。我国学者自 1986 年开始对 DSS 展开了研究。

(7)20 世纪 90 年代后，DSS 与数据仓库、数据挖掘等前沿技术相结合，主要朝着智能决策支持系统、群决策支持系统、集成式决策支持系统、分布式决策支持系统、多目标决策支持系统和战略决策支持系统等更高层次的 DSS 方向发展。它们分别适应不同要求、不同层次决策部门的需要，对于提高各级决策部门的管理水平和控制能力将会有很大的帮助。

近年来，决策支持系统发展迅速，Hearit[227](1996)提出决策快速分析法的基本思想，决策者以自己的主观认识能力、经验及直觉作为全部决策分析的基础，运用逻辑推理等认知过程的客观规律指导决策过程，其过程主要是思考→分解→简化→论证→反思。考虑到应急管理过程中非结构化的随机变量问题，借助援例推理人工智能技术是一条有效途径。在援例推理系统中，将面对的问题或状况称为求解目标，而将记忆中的问题或状况称为原案例[228]。根据决策目标案例的要求或者提示，检索匹配原案例，并在其指导下形成求解方案。在缺乏公共危机领域知识的情况下，通过类比求解可以得到问题的近似解，以支持决策者的形象思维过程。

2.3.2　国内关于决策支持系统的研究综述

国内在决策支持系统方面的研究，起源于 20 世纪 80 年代末期，随着这一工作的广泛开展，充分吸收交叉学科的研究精华，提出了智能式 DSS。施放(1995)也提出类似的六个具体步骤[229]，即问题的界定、评估标准的确定、备选方案的确认、备选方案的评估、比较备选方案、监督实施和评估方案。

关于应急决策支持系统方面的研究可以追溯到“八五”期间国家对水利部门的“八五”重点科技攻关项目，如长江、黄河、淮河防洪决策支持系统的工作，出现了一批显著的成果，对防洪决策系统进行了有益的探索，特别是在模型库的建立和使用方面取得了一些阶段性成果。受现代信息技术迅速发展的影响，解建仓(1997)提出将可视化 DSS 作为实现建模、求解、仿真、评价的实用尝试[70]；孙兰芝(2000)针对应急决策的多目标问题，提出了一种多目标快速决策的方法——无差别虚拟决策法[230]，较好地解决了不同决策目标寻求满意解的问题。

国家在“九五”期间进行了系统的实际建设和后续开发工作。就当前而言，基于数据库技术的防洪调度管理信息系统的研究及应用已趋于成熟，由水利部水利信息中心研制的中央防汛信息系统已在国家防汛总指挥部投入使用，对国家防汛指挥起到了一定程度的辅助决策作用。尽管这些研究与应用解决了一些具体问题，但与客观实际还是存在差距。从总体上来看，由于决策问题的复杂性、动态性、多学科性、内含冲突性等，研究者与管理者一直在寻找更有效的手段。

人为参与决策的决策系统中，决策者的知识经验是更好的资源。在信息整合的基础上，开发 DSS 是一项复杂、充满挑战性的工作，许多系统都因为无法处理复杂的、非结构化的问题而失败[74]。开放复杂巨系统的综合集成 DSS 便开始引起了注意。

自 20 世纪 70 年代，复杂性、整体性、人与自然协调等重大问题不断出现，国际科学界“复杂性研究”崛起。1990 年，钱学森先生等人在《自然杂志》发表了题为《一个新的科学领域——开放的复杂巨系统及其方法论》的论文，提出了“开放的复杂巨系统”的概念以及解决开放的复杂巨系统问题的方法论：从定性到定量的综合集成方法(Meta Synthesis)，并提出把“从定性到定量综合集成研讨厅体系”(Hall for Workshop of Meta Synthetic Engineering，HWSME)作为综合集成方法的实践方式。综合集成法超越并发展了还原论和整体论，它的实质是将专家群体、统计数据和信息资料、计算机技术三者结合起来，构成一个高度智能化的人一机结合系统，创立了系统科学的新理论。

开放的复杂巨系统(Open Complex Giant System)其系统本身与系

统周围的环境有物质、能量、信息等的交换，因而是“开放的”。系统所包含的子系统很多，成千上万，甚至上亿万，所以是“巨系统”。巨系统内子系统的种类繁多，每个子系统既参与整个系统的行为活动，又受整个系统和环境的影响，形成复杂的相互作用，高度非线性，并且有许多层次的结构，各层次结构之间的关系也很复杂，以致有些层次及层次间的关系、结构都还不清楚[75][76]。

2.4　本章小结

应急决策知识管理系统其结构复杂、涉及面广，是典型的开放的复杂巨系统。本章运用系统的理论思想，从知识管理、应急管理、应急决策三个方面对已有研究进行了梳理，为本书后续研究做了基础性工作。

第 3 章 应急决策知识管理系统集成框架的提出

应急决策是在时间紧迫、多决策主体参与、有广泛的利益相关人、存在解决方案冲突时的特殊决策，需要用到大量的危机信息、相关领域知识，传统的决策理论与方法已无法解决应急决策的这些问题，研究人员借助知识管理试图解决其中的知识快速获取与使用(共享)问题。然而由于应急决策知识繁杂而离散，首先必须有效地将应急决策知识进行集成，这又要解决获取和共享问题，首先涉及知识的表示等关键问题，本章将对应急决策知识管理系统集成展开研究。

3.1 基于过程的应急事件危机信息分析

作为危机发展过程中最缺乏的资源，危机信息不仅存在着数量大、种类多的特点，而且还常常会随着时间的推移在不断地发生变化。因此，要想更好地掌握和利用危机信息，必须对它有正确的认识，必须引入系统的思想对危机信息进行科学的管理，以便在应急决策时能够及时而准确地获取使用信息，以最终保证决策者所制定的各项应对措施的科学性。

危机信息除了具有一般信息的基本特征以外，还具有源于危机本身复杂特性的自有特征即“两高一低”，也就是高度的隐密性、高度的不确定性和出现频率低。①隐密性程度高。危机具有突发性，相应的，表征危机的信息有时也是瞬间发生的，其先期预兆并不明显，具有较高的隐密性，因而使危机信息的获取难度极大，使应急管理的难度加大。②不确定性程度高。在危机发生时，由于相关信息的数量猛增、分布散乱、流速加快、真伪混杂，加之信息社会媒体强大的传播力量，致使危机发生时信息存在高度的不确定性。③出现频率低。由于危机的种类和形式多种多样，危机发生的时间、地点和危害程度不能确定，而且在危机发生前的某一特定阶段，危机信息的出现频率低，使应急管理更加困难。

应急事件的发生过程是复杂的，往往不止一个简单的突发事件类型，如由道路交通事故引发了电网系统事故、民用建筑火灾和伤害事件。通常情况下，原生事件即突发事件产生后，会伴随着次生事件和衍生事件的发生。而任何一个事件又都存在着潜伏期、爆发期、发展期、恢复期和消失期。

在潜伏期，我们可以通过一些外界实体的异常状态觉察到原生事件即将发生。这个时期也是我们采取行动抑制事件发生的最佳时期。

次生事件是指由原生事件诱导出来的，比如台风事件的发生往往引发暴雨、风暴潮和洪水等。

而衍生事件是指由于人们对原生事件缺乏了解，或受某些社会因素和心理影响，造成的盲目避灾损失等。

突发事件之间不仅仅具有因果或顺序关系，还会有祸合关系。所谓祸合是指两个或两个以上因素共同作用导致突发事件进一步加剧。应急事件的祸合主要表现在事件之间的相互作用，其中一突发事件在另一事件的作用下发展演化，后者反过来又影响前者，从而改变整个势态，正是这种相互作用将在不同环境条件下产生各种各样的突发事件的祸合现象。一般情况下突发事件间的祸合会表现出趋同性，产生 1＋1＞2 的巨大破坏效果，所以对应急事件的处理不可以孤立地去考虑单个事件，这对应急决策至关重要。

因此，对于应急事件危机信息，应当及时捕获，尽快做出应急反应，将危机的损失降到最低程度。

以哈尔滨水危机为例。松花江上游一个化工厂遭爆炸导致水污染事件的发生，严重威胁着哈尔滨市的水供给。哈尔滨市政府向社会公布通告全市停水4天，要求市民提前储水，理由是“要对市政供水管网进行检修”。而人们听到了“地震灾害”和“水域污染事件”的传言，却没有得到官方证实，传言越来越多，人们开始不相信政府，发生大规模的重要商品抢购事件，很多居民涌向外地，在很多车站出现严重拥堵现象甚至发生交通运输事故。所有的事件交互作用，产生令当地政府无法预计的后果，社会秩序变得混乱而无法控制。这次危机中，主要是作为水域污染事件的原生事件由于政府的隐瞒事实错误思想路线加之舆情导向和心理影响等导致了一系列衍生事件的发生，使危险范围迅速扩大并产生祸合效应进而使社会环境系统严重失衡。

3.2 危机信息管理的三个维度

危机的生命周期理论表明，尽管危机的潜伏、爆发、发展、恢复和消失在时间链条上遵循一定的规律，但是由于危机自身存在着不可分割的社会属性，即危机情境不能脱离一定的社会背景与当前环境而孤立地发生，它是受多重、复杂因素的制约和影响，这也就决定了危机信息管理的复杂性。

根据危机信息管理的内容特征，可以从公共危机信息资源管理、公共危机传播管理、公共危机信息系统建设三个维度构建公共危机信息管理研究体系框架(见图3-1)。

1. **方向Ⅰ：全流程的公共危机信息资源管理**

危机信息资源管理不仅仅是在危机的全过程中提供有效的信息[90]，它还应该具有以应急管理为目标、以危机决策为轴心、以信息资源管理为内容等多重含义。

应急管理过程实质上是一个危机信息的采集、加工、传递、分析、利用、公开、反馈的危机信息资源管理的过程，也是应急管理者进行决策、执行、再决策、再执行循环周期的前提和基础。它为应急管理提供决策

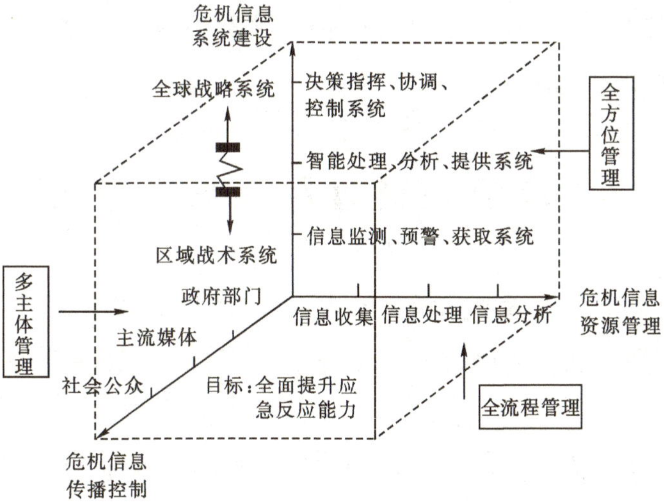

图3-1 危机信息管理研究的三维结构

方案的过程，并且与危机发展的生命周期相对应[91]。

2. 方向Ⅱ：多主体的公共危机信息传播控制

危机信息传播应当是在最恰当的时间，通过最合适的途径，将最有用的信息传递到最需要信息的人的过程。可以通过政府、传媒、文献信息机构等途径实现。应当建立以政府组织为核心的、主流媒体担当重要作用的、公共图书情报辅助的有效的信息发布和服务机制，构筑可靠的、最大限度地保证公民利益的信息传播途径，应当最大限度地满足公众对公共危机信息的需求。

3. 方向Ⅲ：全方位的公共危机信息系统建设

公共危机信息系统具有多层次性，是基于不同层次、不同功能的多种网络的整合。美国纽约大学商学院教授劳顿(K. C. Laudon)认为："信息系统不只是一个技术系统，而且还是一个管理系统和组织系统，是一个社会系统。"[97]通过建立分层次、多功能的公共危机信息系统，达到对危机信息的自动监测、及时预警、快速获取、高速传递、智能分析、联动共享、正确决策的目的。

该框架的最终目标是通过危机信息资源管理全面提升公共危机管理和国家应急反应能力。

3.3　应急决策过程知识需求分析

科学决策是一个客观过程，即是一个主观反映客观的过程。决策行为本质上是在进行信息处理，是运用概念和原则进行判断、决断的过程。

广义的应急决策是从应急事件产生前就开始研究解决有关的问题，如预防政策和规划的制定、应急设施的最佳配置、预测和监测的方法及手段、应急预案的制定等，以及事件发生后的决策，包括搜集各种有关信息，把危机控制在一定范围内，避免其进一步蔓延，以及一些善后处理等。狭义的应急决策特指事发时的决策，即在应急事件刚刚发生或出现某种征兆时，必须在极短的时间内，搜集、处理有关的信息，明确问题与目标，拟定各种可行方案，组织实施并不断跟踪检验，及时纠正决策过程中的失误，直至问题彻底解决为止的一个动态过程。

本书认为应急决策步骤可以分为：

(1)明确问题——应急事件识别。所谓问题就是应有现象的实际之间出现的差距。由应急事件所引起的问题是相当复杂的，而且还要求在极短的时间加以明确和解决。明确问题就是要如实地、全面地分析说明问题的状况、产生的原因、性质、发展趋势和解决的条件等(Know-what 和 Know-why 知识)，尤其是要明确产生问题的根本原因，才能从本质上说明问题，才能有针对性地确定目标和制定解决问题的方案。

(2)设计备选方案——如果有应急预案，就可以直接进行应急预案的匹配；如果不存在匹配的应急预案，则动用专家知识，设计备选方案。

应急备选方案是指能够快速解决由应急事件引发的问题、保证决策目标能够实现、具备实施条件的可行性方案。设计备选方案时，必须制定多个可行性方案，以便评价和比较，最终选择一个满意的方案。另外还可以根据危机产生问题的原因的认识和作用程度，来设计不同类型的备选方案。

(3)备选方案的评估——对多个备选方案进行评价，选择适当方案。该阶段是对设计出的应急备选方案进行全面、详尽的评估，从中选出一个满意方案。由于应急决策对象的特殊性，应急决策不是选择最优方案，而是选择满意方案，这就是所谓的满意决策原则。已经确定的目标是评估应急备选方案优劣的标准，应急备选方案的作用、效果等越接近于目标的要求越好。但在多目标情况下，应以最主要的目标作为评价、选择应急方案的重点标准。

至此决策知识(Know-decisions)形成，这时就应迅速调集必要的人力、物力、财力，使其在时间和空间上得到合理、有效的布置和安排，确保选定的决策方案不失时机地得到实施和执行。决策知识转化为行动——具体在什么样的情境下，包括时间、空间、资源、保障等(Know-conditions)由某个单位或个人(Know-who)如何做(Know-how)来解决实际问题。在方案实施过程中，由于决策环境处于难以预测的迅速变化之中，难免会发生各种与目标偏离或新的状况，必须密切注意应急事件本身和周遭环境所给予我们的反馈，不断地调整和完善决策方案，及时纠正决策过程中出现的失误，必要时要对决策方案做出根本性的修正以准确应对应急事件。

应急决策各阶段知识需求与来源可用图 3－2 来表示。可以看出，应急决策过程的不同阶段，所需知识来源非常广泛而且非常离散，常规的知识管理显然不能满足实时性要求很高的应急决策知识需求，显然需要对应急知识进行集成。本书提出应急决策知识管理系统集成。

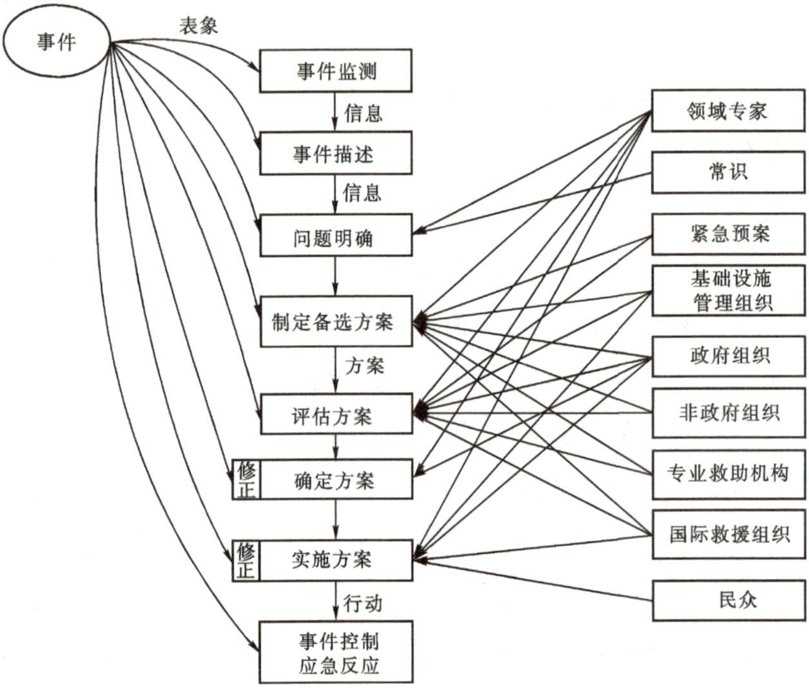

图 3-2　应急决策过程中的知识需求与来源

3.4　基于过程的应急决策知识管理系统集成框架的提出

应急事件的发生过程是复杂的，往往不止一个简单的突发事件类型，如由道路交通事故引发了电网系统事故、民用建筑火灾和伤害事件。通常情况下，原生事件即突发事件产生后，会伴随着次生事件和衍生事件的发生。而任何一个事件又都存在着潜伏期、爆发期、发展期、恢复期和消失期。同时，应急决策过程包括从应急事件发生前就开始研究解决有关的问题，如预防政策和规划的制定、应急设施的最佳配置、预测和监测的方法及手段、应急预案的制定等，以及事件发生后的应对决策，包括搜集各种有关信息，拟定各种可行方案，组织实施并不断跟踪检验，及时纠正决策过程中的失误，把危机控制在一定范围内避免其进一步蔓延，解决问题，以及善后处理等。

通过对应急事件的分析结合决策过程中的知识需求，本书提出如图 3－3 所示的应急决策知识管理系统集成框架。

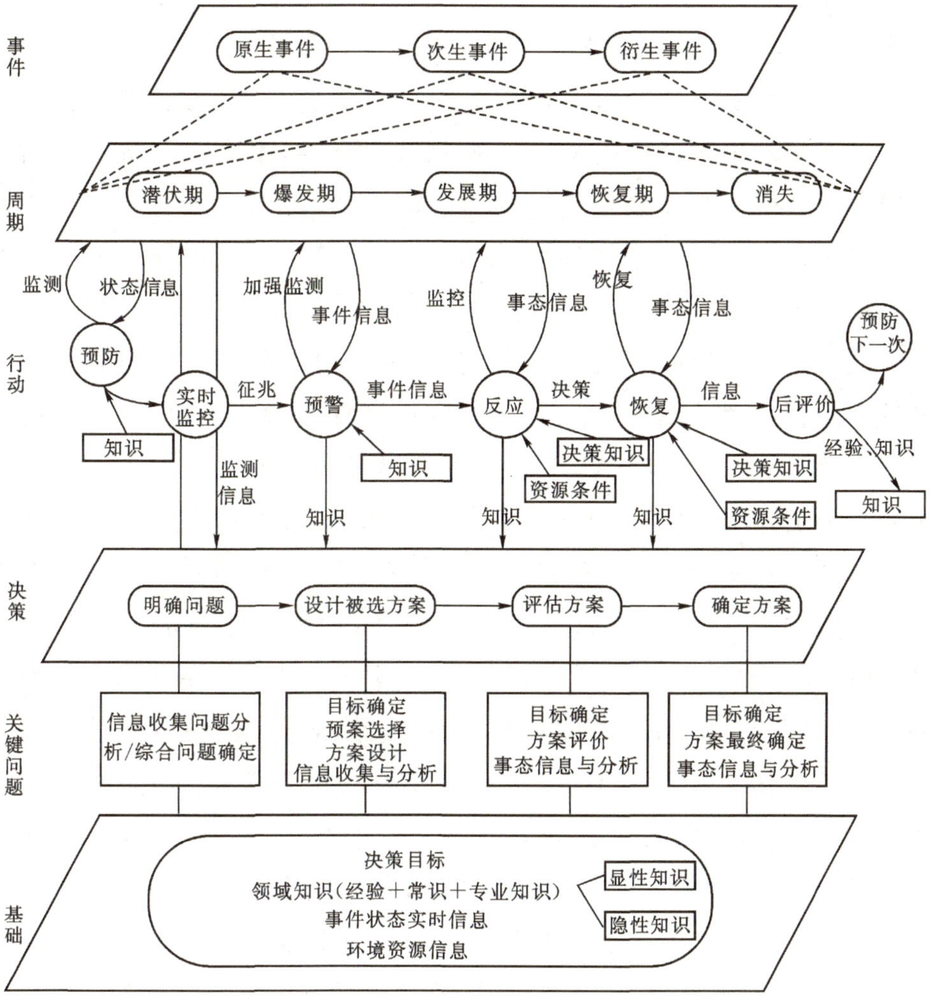

图 3－3　基于过程的应急知识管理系统集成框架

从图 3－3 中可以看出，进行决策首先需要的是，事件的背景知识和相关描述。而这些领域的知识通常来源于多个方面，主要可以分为各相关领域的显性知识和应急参与者所掌握的隐性知识。应急决策所需的显性知识主要包括决策环境信息、仪器设备中获得的数据、实际演练获得的经验、各类总结性的应急文档等；隐性知识主要包括难以被发现和表示的，以及通过一定技术处理可以被表示和显性化的知识。

所有这些所需的决策知识首先包括以应急文档形式存在的知识，是在多次突发事件经历过程后归纳总结得来的，主要包括事前针对不同突发公共事件类型制定的法律、法规、预案、经验总结等。通常在有效获得了这方面的背景知识后，决策者才能够审时度势地进行决策制定和指挥调度。

从计算机科学的观点来看，应急决策知识是各种与应急处置相关的信息综合处理的结果，在综合过程中，信息通过相互比较，形成有意义的链接。从 2003 年 SARS 之后，应急决策领域学者和实践者逐步认识到各类突发事件的处置不是某个单一职能部门的职责，应急管理涉及多学科的专业知识，如消防、医疗、公安、交通、水利、电力、军队等部门的专业知识，还涉及与危险源自身特性（如危险化学品类包括爆炸品，压缩气体和液化气体，易燃液体，易燃固体、自燃物品和遇湿易燃物品，氧化剂和有机过氧化物，毒害品，腐蚀品，放射性物品八个子类[94]，不同的危险化学品性质不同，分别有不同的处置方法）相关的专业知识，这些专业应急领域知识，在各个专业学科中都已被成体系地进行研究，在知识管理中可以不作为研究重点，这里重点讨论应急管理中当前最为迫切的问题——发生突发事件并且现有预案不足以有效应对的情况下，如何积极运用各类相关知识，综合分析各种信息，以在有限的时间和资源限制内迅速做出决策。

防汛决策是造成水害最大、影响最广，涉及相关人员最多的决策过程。目前，防汛决策过程主要是通过会议的形式，以群体（包括会商决策人员、决策辅助人员以及其他有关人员）会商的方式，从所做出的各种可行的防汛方案中，根据确保防洪工程安全，充分发挥防洪工程效益，尽量减少洪灾损失和对环境生态的不利影响，协调各方，甚至按牺牲局部保护整体利益的原则进行决策，选择出满意的调度方案付诸实施，或者对各种防汛的预案做出科学的评估和决策。以综合集成和系统工程为理论依据，防汛决策知识综合集成的过程也可以被认为是防汛决策问题的求解过程，如图 3－4 所示。

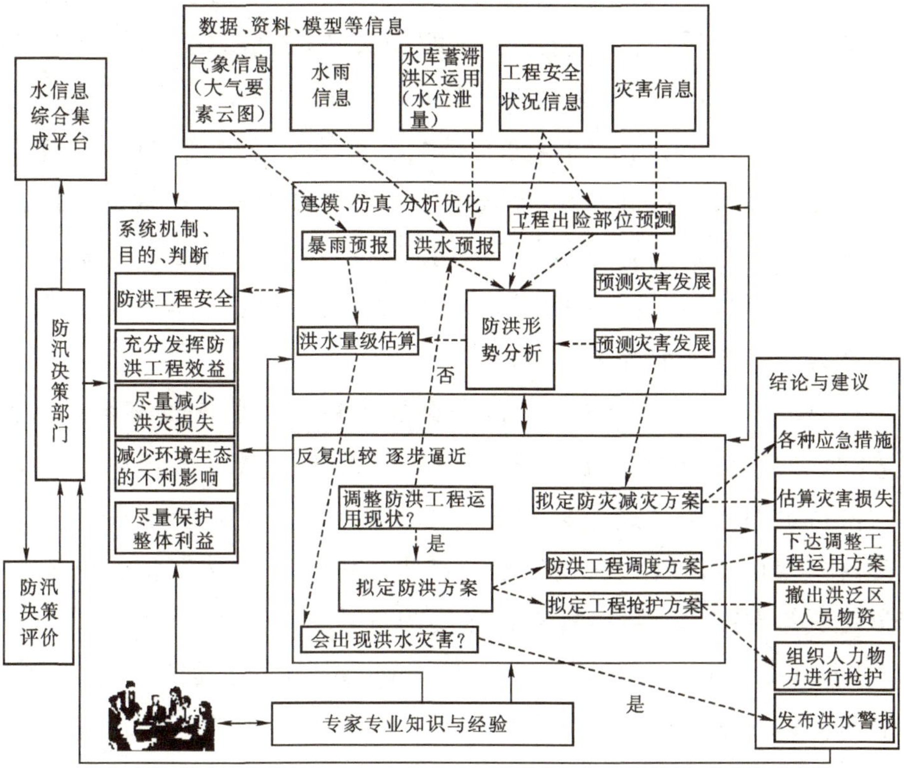

图 3－4　防汛决策知识综合集成过程

从知识的种类来看，应急决策知识既包含那些存于纸上和数据库中的显性知识，也包括决策与处置人员脑海中的隐性知识。借鉴 OECD 对知识的分类方式，结合突发事件应急管理知识的内涵和应急主体和客体的关系模型，本书提出了一种适合突发事件应急管理的分类方式，新增 Know-conditions(知道在什么样的情境下)和 Know-decision(知道决策)的知识类型,从而将突发事件应急管理知识分为是什么(Know-what)、为什么(Know-why)、决策(Know-decision)、谁来做(Know-who)、如何做(Know-how)以及什么时地点、所具备的资源保障(Know-conditions)的知识。其中每类知识都被赋予了这一领域的特征,如图3-5所示。

(1)Know-what:这类知识是指突发事件应急管理过程中,所需的常理性知识,即部门职责等,应急主体的相关特征,应急客体的一般特征和概述等,是什么样的知识。

(2)Know-why:这类知识主要是突发事件应急管理过程中,应急事件的发生、发展、演化机理等,即表示应急事件原理和规律性的知识。

以上两类知识主要是认知和事实方面的知识,它为决策提供了概念性、常理性和规律性的知识以及应急主体组织特征、职责、现状及应急事件具体状态表征等事实知识。

(3)Know-decision:这类知识是突发事件应急管理的核心,是应急管理知识的升华,是根据决策者的经验和群体智慧对认知和事实知识从解决特定问题角度进行的知识再加工,应急主体对应急事件的决策正是这一知识的体现。决策过程的结果就是产生决策知识。决策的实施最终要体现在对应急事件直接作用的行动上。

Know-conditions,Know-who,Know-how 知识都属于应急主体对应急事件的行动层面知识。所以行动知识的三要素为行动情境(conditions)、行动主体(who)、如何行动(how),即在什么时间什么地点什么资源保障,谁应该怎么做。

(4)Know-conditions:这类知识主要是指突发事件应急管理过程中,根据决策知识所实施行动具体情境,包括知道什么时候做,在什么地方做,需要哪些资源、保障等。

(5)Know-who:这类知识是指突发事件应急管理过程中,根据决策知识确定由哪个部门、机构负责或哪个个体或组织执行,即知道谁来做的知识。

(6)Know-how：这类知识是指在决策知识实施过程中，部门、领导机构如何应对突然发生的公共事件，即应急部门知道本部门应该怎么做。

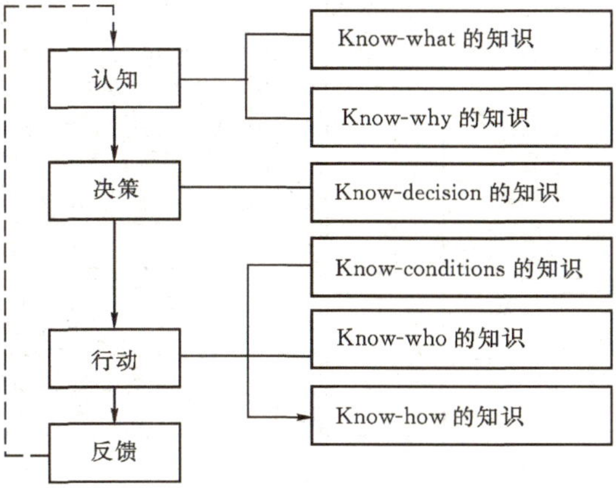

图 3 - 5　应急决策过程涉及的知识分类

在防汛抗洪决策指挥系统的开发过程中，从总体框架综合集成层的综合平台的功能等方面出发，设计了基于 Gnutella 协议与划分技术的 P2P 网络交互为通讯和传输支撑，以本体、工作流和知识图为数据集成、信息组合和知识管理的实现技术手段，信息集成层面在平台中集成了数据库和多种资源库，并在支持综合集成功能方面利用知识图支持专家研讨，用户层面通过多种信息和知识的表达方式提供给用户的个性化界面定制服务。根据需求分析以及知识图在支持综合集成和信息集成的应用特征分析，设计了综合集成平台的系统架构的总体架构设计。

总体架构包括支撑层、资源层、综合集成层和用户层四个层次，其中数据资源库、研讨资源库、知识库构成了应急决策知识管理重要组成部分。总体架构如图 3 - 6 所示。

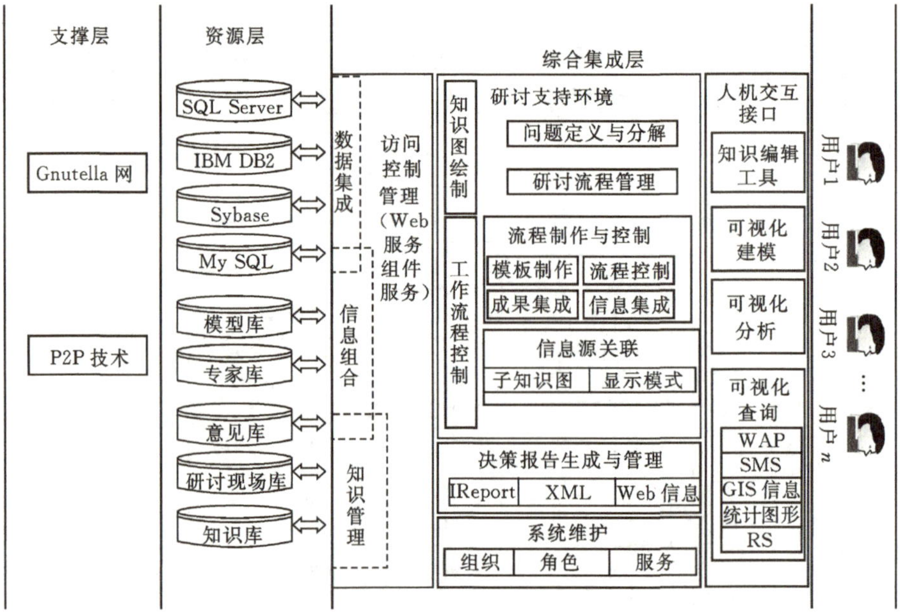

图 3－6　防汛抗洪决策指挥综合集成平台的系统总体架构

3.5　应急决策知识管理系统集成框架中的关键技术的识别

从对应急决策过程及所涉及的知识及运用的知识管理技术分析，应急决策知识管理系统集成的关键技术可以概括为知识表示、知识获取和知识共享。具体识别过程可用图 3－7 表示。

后续章节将对关键技术及应用展开研究。

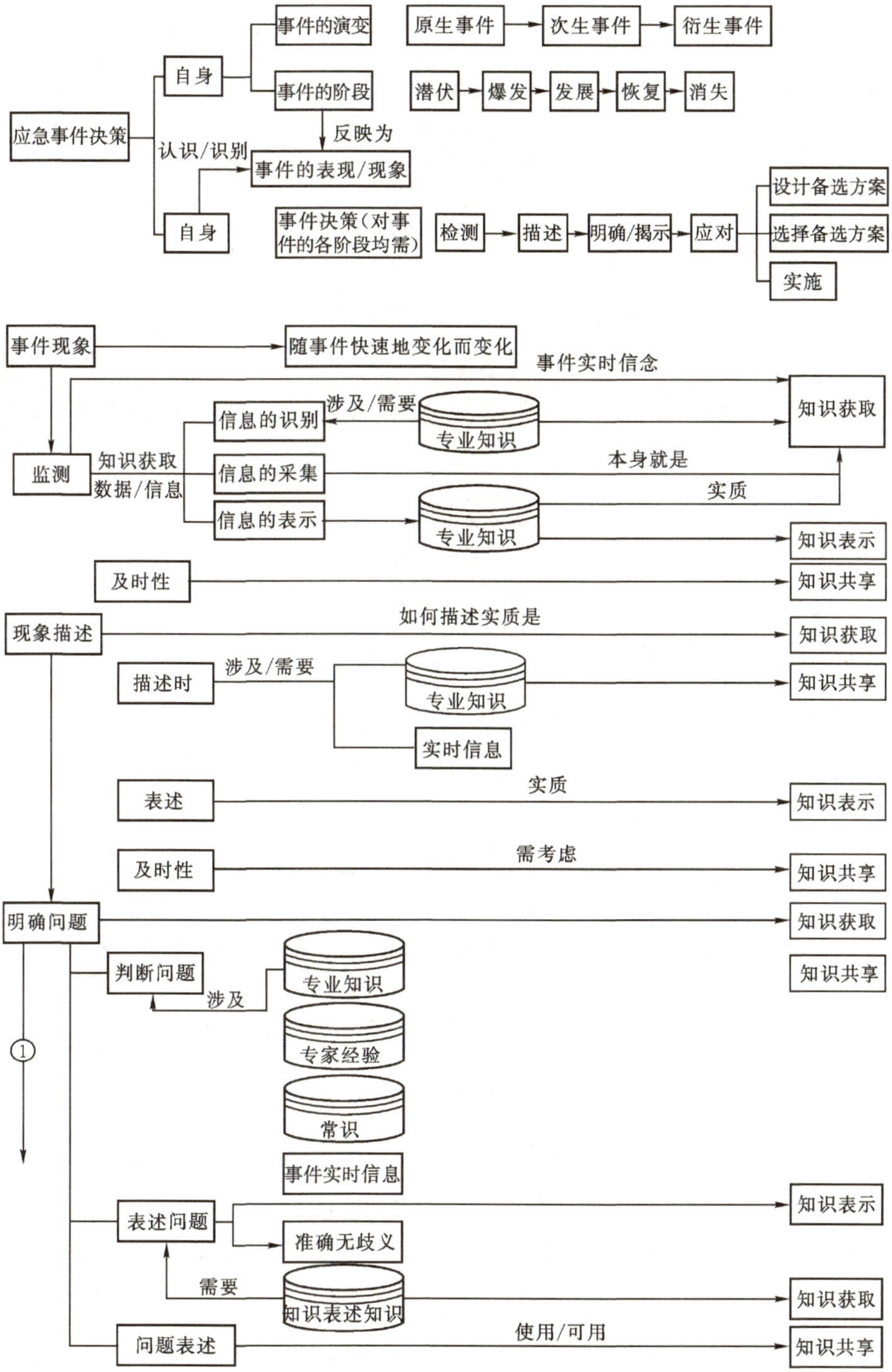
应急事件决策
自身
事件的演变
原生事件
次生事件
衍生事件
事件的阶段
潜伏
爆发
发展
恢复
消失
反映为
认识/识别
事件的表现/现象
自身
事件决策(对事件的各阶段均需)
检测
描述
明确/揭示
应对
设计备选方案
选择备选方案
实施
事件现象
随事件快速地变化而变化
事件实时信念
知识获取
涉及/需要
信息的识别
专业知识
监测
知识获取
数据/信息
信息的采集
本身就是
实质
信息的表示
专业知识
知识表示
及时性
知识共享
如何描述实质是
现象描述
知识获取
描述时
涉及/需要
专业知识
知识共享
实时信息
表述
实质
知识表示
及时性
需考虑
知识共享
明确问题
知识获取
知识共享
判断问题
涉及
专业知识
专家经验
常识
事件实时信息
①
表述问题
知识表示
准确无歧义
需要
知识表述知识
知识获取
问题表述
使用/可用
知识共享

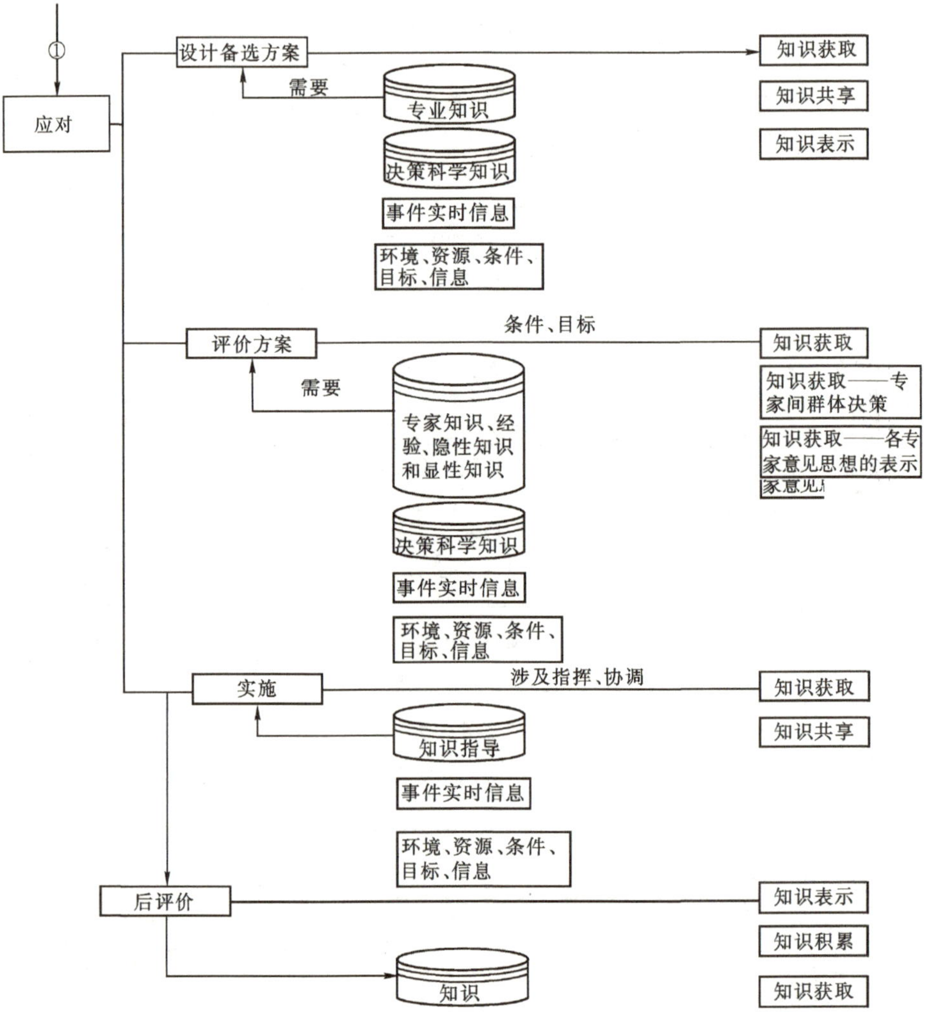

图 3－7　应急决策知识管理系统集成框架关键技术的识别

3.6　本章小结

本章在对危机事件发展过程危机信息和应急决策过程知识需求进行分析后，构建基于过程的应急决策知识管理系统集成框架，并以应急决策过程中的知识需求为线索，对集成框架的关键技术进行了识别，总结出其中关键技术为知识表示、知识获取和知识共享，为本书后续进一步关于关键技术的研究奠定了基础。

第4章　基于知识图的应急决策知识表示方法

不同的应用领域中，知识通常显现出不同的特征。王众托院士在《知识系统工程》一书中曾提出知识表示应当遵循简洁性、明确性、可理解性和可扩充性；知识同时也应该充分表达领域信息，有利于对知识进行推理，便于知识的维护与管理，便于理解与实现[92]；知识的一般性、复杂性、隐含性等，都是在知识系统工程中赋予知识的固有特性。在应急知识管理中强调的是快速地给决策者提供决策知识，同时，相关决策知识应当是正确的、完备的、清晰的、显性化的和能被简单描述的。

4.1　知识表示

知识表示是知识的符号化过程，即把相关问题的知识加以形式化描述，表示成为便于机器（计算机）存储、管理和调用的某种数据结构模式。其实质就是探讨知识符号化和形式化的方式方法，它是知识系统工程的关键问题和瓶颈，也是知识处理的基础，是对知识进行量化、存储、推理等处理的前提。王珏（1995）提出，“知识是对智能行为的一种数学抽象模型”[46]。知识表示可以被认为是追求被表示事物的结构特性和运动特性的相似性。从知识表示的结构角度来看，知识是一种经过结构化处理的信息。这种结构性的知识表示是严格定义的数据结构，是为以后提取而用特殊方式组织起来的数据和信息[50]。

目前，知识表示方法已有几十种之多，主要有图表示法、谓词逻辑表示法、语义网络表示法、框架表示法、过程表示法、Petri网表示法、与状态空间表示法和人工神经网络（ANN）表示法。各种表示法具有不同的优点和缺点,针对不同的应用领域,不同的知识表示方法具有不同的优势和劣势,甚至有的方法的出现就是因为某种应用的需求而产生的,所采用的知识表示方法同知识的组织、知识的结构和知识的使用方法密切相关。人们可以根据领域知识特点选择一种最合适的方法将知识充分表达出来,也可以依据领域的复杂程度,把若干技术结合起来。

4.2 应急知识表示方法选择的原则

上一章已经介绍过应急决策需要丰富的应急处置领域知识与经验作为应急决策的依据和基础。在决策过程中所需应急决策知识的核心要素包括应急预案、应急案例、应急处置规则等。要使用这些已有的知识首先都涉及这些知识如何被有效地表示问题。

相同的知识可以采用不同的表示法,知识表示主要是选择合适的形式来表示知识,以合适的方式提供合适的信息辅助应急决策与指挥人员做出科学有效的决策。在选择应急领域知识表示方法时,应该考虑以下几个方面[124]:

(1)知识表示方式对于应急领域知识和专家知识的特点及结构能充分、适当、正确地表达出来。

(2)结构上要能够满足进行知识扩充的需要。随着人们对应急管理的认识的加深,应急领域知识、专家知识与经验将是在不断完善的,其数据库也是在不断扩充和完善的。

(3)应急领域知识表示要利于知识的使用。应急领域知识表示要简单、有效、清晰,同时要便于快速地进行问题的求解,这点对于应急处置的时效性影响极大。

(4)应急领域知识表示要兼顾知识的可理解性。应急领域知识表示的形式结构要与人类对该领域知识的认知与表述形式相吻合,以便容易被该领域的专家所理解,同时为计算机软件设计人员与学科领域专家的沟通与合作提供方便。

(5)应急领域知识表示要考虑可操作性。在选择应急领域知识表示模式时,要考虑知识表示形式所表示知识的进程应该易于被应急人员所接受,即知识操作和控制进程易于操作和跟踪。

本书根据应急领域突发事件知识复杂性特点的分析以及知识表示原则分析,认为由于知识图既可以反映组织的知识环境,包括组织内外部知识分布的静态情况,也可以反映知识间关联以及知识流动等动态情况,即知识图包含了知识资源目录和知识目录内各款目之间关系两部分内容,所以认为可以采用基于知识图的知识表示方法表示应急决策知识。

4.3　基于知识图的应急决策知识表示方法

知识图不是具体的知识,而是一个向导,是关于某一主题的相关知识的集中展现,可以更科学地组织分散、孤立、无序的知识,给人们提供更简单、更全面地反映知识以及知识环境的系统化的知识阅览和知识导航工具。如项目知识图,将该项目所有过程文档按阶段/分类/顺序进行显示,能够显示出相关知识的上下文关系/背景信息。知识图指向的知识源,不仅可以是已经固化在一定的载体上的各种形式的文档、数据库,也可以是大脑中存储了丰富的隐性知识的专家或其他个人。知识图是对知识分类目录的补充,可以显示出跨目录不同的知识文档之间的关联。和关键字搜索不同的是,知识图具有稳定的结构,便于对某一主题的持续积累,帮助用户群将常用的知识进行结构化的显示。

作为知识共享的一种途径,知识图从两个方面反映了组织的知识环境:一方面反映组织内外部或一定范围内知识分布的静态情况,另一方面反映知识间关联以及知识流动等动态情况。所以,一份知识图应包括两方面的内容:一是通过知识资源调查所获取的知识资源目录;二是目录内各款目之间的关系[125]。

4.3.1 知识图的概念

知识图的概念起源于地理上的地图，作为知识管理工具的知识图思想来源于英国著名情报学家 B. C. 布鲁克斯的经典著作《情报学基础》。目前对于知识图的定义各不相同，有代表性的观点包括：Vail 的“可视化地显示获得的信息及其相互关系”[131]；Eppler 的“连接信息和知识项目的过程同时也创造了新知识”[132]；Salamander 的“对企业知识的积极的可视化的描述”[133]；Denham 的“将组织各种知识资源的入口集成起来，以统一的方式介绍给用户，并帮助通过浏览方式搜索信息的成员，高效率地寻找所需的资源”[134]等。这些定义的焦点都集中在知识图可视化地描述了组织知识资源及其载体，并展示了它们之间的相互联系，在组织内创造了一种促进知识共享的环境，目的是摆脱知识寻找过程中的混乱状态。

笔者认为，知识图（Knowledge Mapping，KM），是一种以图的方式表达知识管理（Knowledge Management，KM）方法。

C. Hoede 等认为可以对知识图进行数学定义[135]：设 **C** 为概念的集合，**T** 为关系类型的集合。**C**＝＜N，A，in，la＞是知识图，其中：**N** 表示节点的集合；**A** 表示弧的集合；in 表示节点集到概念集的映射，即 in：**N**－＞**C**；la 表示弧集到关系类型集的映射，即 la：**A**－＞**T**。

节点类型主要包括概念和标签。①概念（Concept）。概念节点由符号矩形表示。概念节点代表一个存在于思维中的概念。概念节点的另一个名称是 token。②标签（Label）。标签字符串就是标签的名称。标签节点有两种，一种指示概念的“类型”，一种指示概念的“名称”。它们以不同的关系类型与概念节点相连接以示区别，在自身形式上没有区别。

关系类型主要包括 12 种基本的关系类型，由 8 种二元关系和 4 种 n-元关系（框架关系）构成[136]。这里不对具体关系类型进行一一介绍，本书主要的研究是类型关系（ali）、子类关系（sub）、关联关系（ass）、因果关系(cau)、属性关系(par)、依赖关系(sko)。

为了知识图构造的方便,本书简化了知识图表示的符号,概念通过矩形表示,而关系通过线条表示,关系的描述直接在线段上表示,这样减少了关系节点,可以使构建知识图的过程和操作更加便捷。本书提出将它作为组织和描述知识的可视化工具,可以实现显性知识和隐性知识合理描述,由概念、连接线、联系(连接词或连接短语)和链接组成。

知识图可以表示如下:

知识图::={＜概念“,”联系|连接词|连接短语“,”连接线＞[链接]}

链接::={＜知识图|外部资源＞}

外部资源::={＜模型组件|文档……＞}

知识图可以有效地描述规范化、系统化的显性知识(采用概念、公式、命题等形式给出)。同时,通过超级链接建立关于知识链上的关键的路径,用具体的案例、图形、多媒体文件等形式来详细描述,使它对于描述隐性知识具备较强的优势。

4.3.2　面向主题的知识组织与管理

知识的组织方式依赖于知识的表示模式和计算机系统提供的软件环境。原则上凡是可被用于数据组织的方法都可用于对知识的组织,例如顺序文件、索引文件、散列文件等,具体应用哪种方式要视知识的逻辑表示形式以及对知识的使用方式而定。具体确定知识的组织方式应遵守如下基本原则[126]:

①应使知识具有相对的独立性;

②便于知识的搜索;

③便于知识维护及管理;

④便于内外存的交换;

⑤便于同时存储用多种模式表示的知识于知识库中;

⑥尽量节省存储空间。

这些基本原则在具体的应用过程中，可能会出现彼此矛盾的情况，很难做到面面俱到，只能根据实际情况解决主要矛盾。

面向主题的知识组织与管理主题知识图是以研究领域知识或研究项目为主线对知识管理系统中存储的知识进行分类显示，存储关联文档之间的链接，提供智能化的知识向导。以主题为中心进行知识的组织和管理有如下优点：

①很好地解决了知识的相对独立性。

②易于方便而高效地实现对知识的搜索。

③知识管理和维护十分方便。

④具有强大的工具支持。

4.3.3 知识图的功能与特性

科学研究活动是利用现有的思想、方法去求解某个问题的过程，现代意义上的问题求解已成为借助各种概念对研究对象进行解构的活动。所以在科学研究活动中，需要在研究者头脑里首先建立起一个比较适合于解决特定问题的知识结构，然后对它进行变换、扩充，逐步找到与问题相对应的概念。这种对于概念的查寻以及在此基础上知识结构的建立，实际上就是一个知识获取的过程。在这个过程中，知识图的向导作用非常重要，它不仅能以知识树的方式展示组织内部的知识、文档分类结构，还能以知识网的形式展现相关主题知识之间的联系，表现跨学科门类和部门知识目标的全部领域，体现这些目标之间的联系。它为管理日益复杂的知识环境提出了富有成效的解决办法。

本书认为在应急知识决策管理知识图在以下几个方面发挥着作用：

(1)提供知识线索。知识图可以被认为是地图、知识黄页或是一种特殊的元数据，提供知识的存放处，成为一个知识向导，它向人们提供知识的来源。

(2)利于知识的复用。它可以防止知识的重复生产，节约检索和获取时间，在围绕某学科、项目利用知识时可以发现“知识孤岛”，从而在知识之间建立联系，促进知识共享。

(3)利于知识共享。利用知识图，可以揭示组织内部各类知识之间的关联现象，形成一个脉络清晰、层次分明的知识布局，使人们根据自己的知识需求和获取方式便捷地加以利用知识。

(4)利于知识积累。利用知识图可以较为容易地表示出知识的存量和需要填补的空白，为积累知识提供依据。

由于信息之间存在的层次(包含/隶属/类)关系，知识图可以清楚地将知识系统地用分级方式进行描述，大多数一般的概念在图形的顶部，更具体和特殊的概念在图形的底部分层显示。用知识图能够清晰地构造一个信息网络，便于信息集成平台用户对整个信息架构的掌握。

4.3.4　知识图的创建

1. 知识图构建原则

构建知识图通常要遵守的一些原则[137]：

①尽量减少直观信息量，以降低维护成本。要考虑知识图的动态性和扩充性，尽量减少对结构的控制。可将其设计成分布式的输入输出结构，以便反映知识的不断增长和更新。

②以需求为导向，满足用户需求。知识图包含的信息数量以及链接的建立应考虑最终用户，要实用、方便。这是构建知识图的基本原则。

③尽可能早地清楚知识图的基础结构、构成成分、节点关系的定义、链接资料的存贮方法等。

④要便于维护。有长远的维护发展策略，知识图在使用过程中不断更新，应尽可能从基础用户获取最新、最准确的知识，以保持其时效性和准确性，不断更新。

⑤注意协调组织文化。知识图的风格要与组织文化相匹配。

2. 知识图的构建

构建知识图所需要的知识通常在组织内部已经存在，但往往是以分散、无序的形式存在。知识图的构建就是要通过对知识的关联处理与分析，将知识与主题、知识与知识、知识与相关人员联系起来形成知识关联，通过知识整序、深层分析、权重标注挖掘知识间的内在联系，并用一定的手段表现这些知识间的联系，最终形成层次完整、脉络清晰的向导地图。

构建知识图，首先要掌握组织内部知识的方位，了解知识之间的关联情况，揭示知识之间的链接关系，清楚地标明知识的流向、流量，提供知识线索。一般来说，知识图的构建应遵循下列原则：

①主题明确。

②动态性。在知识图的建设过程中要允许用户在浏览知识图各个节点和节点的指向的同时，能发表评论，对知识图进行更新，使之处于动态完善的过程中。

③目标确定。知识图的构建必须有一个清晰的、一定范围的、基于目标的基本出发点，实现“人—知识的映射图”(PKM)[140]，在任何需要的时候都可以找到相应知识的主体。

④对象确定。知识图所描绘的对象主要包括人、显性或编码化的知识、过程或方法等。

⑤实用性和适用性。知识图要能方便解决实际问题。Seeman 等提出了一个从知识图到知识图集的迁移思路[141]。知识图集表现出一种更强的动态性和适用性。

⑥关联性和可获取性。标注关联知识是整序组织内部知识的过程，也是构建知识图的必要内容。知识图的构建过程包括知识的识别与组织、知识分级、建立联系和展现知识图等。同时，在知识图的构建过程中将不断地产生新的知识来更新知识图。

“知识的识别与组织”主要包括三种活动：知识的识别、组织、审查。

“知识分级”指将职位知识、用户知识、创造性知识分级，然后将每个人的知识分级。

“建立联系”主要包括三种活动：建立索引、知识配置、个性化。

“展现知识图”是根据知识分类，配合专业术语，将知识分门别类地归类在不同的范畴内，并标示其间的关系，用可视化的技术（选择目录等级层次、树形结构或者网状结构）把知识图展现出来。

4.3.5　知识图的绘制

知识图使用户先根据需求，将分析解决问题的过程抽象成知识图，再根据功能需求，为知识图中的节点定制相应的服务。知识图的操作流程如图 4－2 所示：

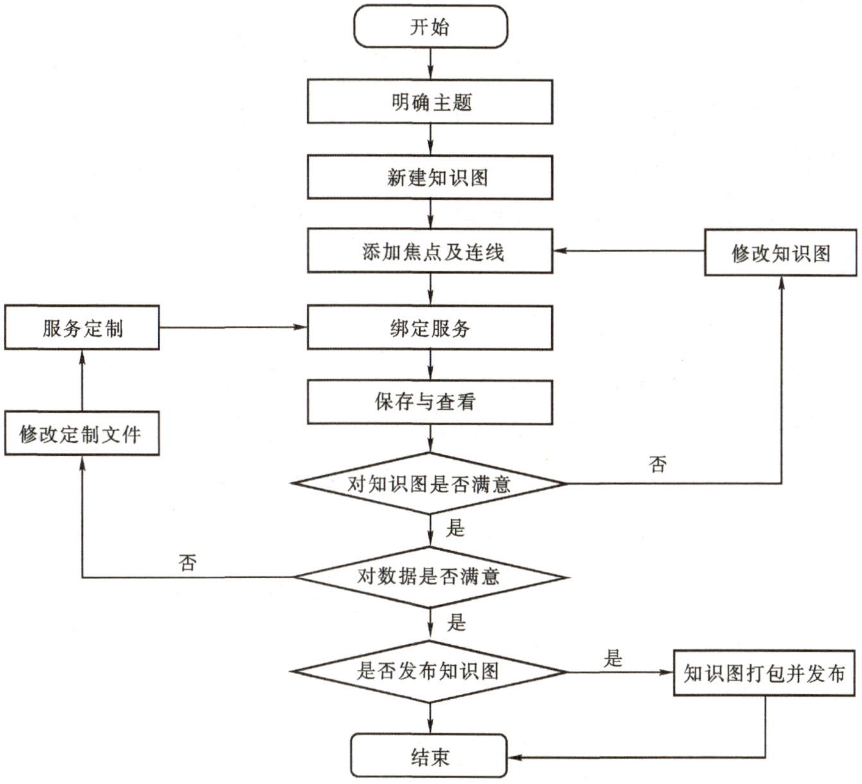

图 4－2　知识图绘制流程

这里以“降雨为主”的主题应用为例，介绍知识图的绘制。以主题为主线自顶而下的信息组织应用方式和灵活的搭建过程，符合人脑的思考习惯，从定性的概念描述到定量的概念描述、从总体到局部的数据描述，功能灵活可以较容易地扩展到相关领域，提供了一种形式化的知识组织方法，也利于知识的共享。

绘制过程包括确定主题和分解问题绘制知识图两个主要步骤。

(1)主题确定。

例如，洪水来临，在防汛会商时，决策者希望尽快了解近期内降水情况，着重了解一段时间内雨量累计情况，并根据累计雨量由大到小进行排列。而最大累计雨量区域的选择和相关河道、相关水库有关。同时，还要考虑防汛保障措施的情况，也就是说，首先在雨量最大区域内，查看相关河道站水位流量情况，降雨是否对河道防汛产生灾害影响；查看水库情况，降雨是否对水库、水库下游河道产生灾害影响，如果有是否可以在水库调度过程中进行模拟仿真，改变水库运行方式，减少灾害损失；其他条件均相同的条件下优先需查看防汛保障设施薄弱区域，防汛保障设施包括在出现灾害时，抢险队伍、物资储备、防汛人员指挥调度等情况。

(2)分解问题绘制知识图。

以降雨为主的主题应用分为一个主知识图(如图 4-3 所示)和四个子知识图，有利于知识的共享和复用。在知识图绘制之前，在知识库中查找与该主题相关子知识图，在该步骤完成后，绘制知识图，将主题进一步细化为概念与模型之间的关系。

主题应用制作流程可以归纳如图 4-4 所示，包括如下步骤：

①明确需求主题，即需要解决什么问题，解决这一问题过程中需要什么信息，以及信息的显示方式等。

②将这些需求抽象成知识图并绘制出来。

③为知识图中的相关节点定制相关服务，并将定制的服务与相应节点相绑定。

④知识图编辑完毕后，保存并查看结果。如果知识图还不能满足业务需求，查看的数据还不符合用户需求，可以对保存的数据库进行编辑修改，直至满意为止。

⑤用户可以选择并将其打包进行发布，与平台中的其他用户进行

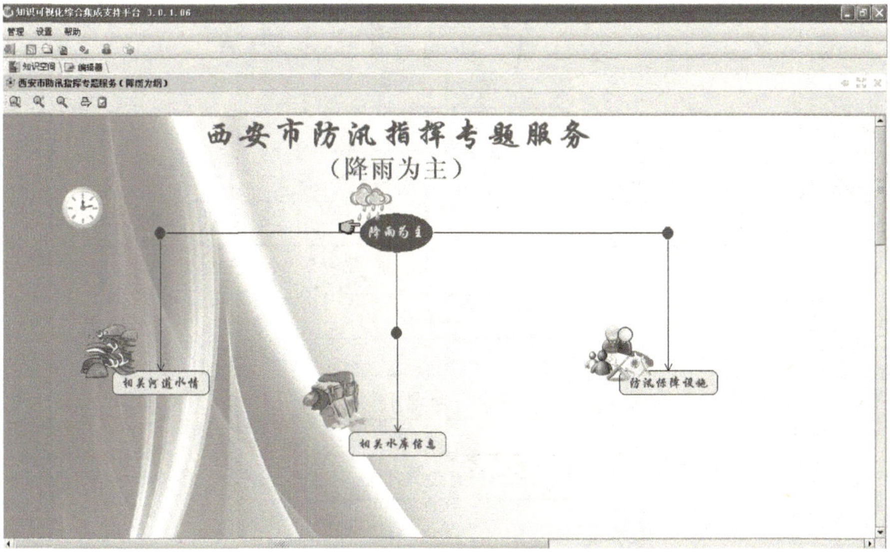

图 4-3 “降雨为主”的主知识图

共享。

运用知识图能够很好地将用户的隐性知识进行显性化表达，比较易于掌握，只要确定主题便可以制作出所需的知识图。

4.3.6 知识图的应用

目前知识图的应用主要包括以下几个方面：

(1)在知识检索方面的应用。

知识图使传统的基于关键词的检索，上升到语义检索的高度[142]。

(2)在信息集成方面的应用。

借助知识图可以在一定程度上解决语义异构的问题[143]。信息集成的著名项目 KACTUS[144] 是欧洲的 ESPRIT 项目。它的主要的知识表示形式是 CML(Conceptual Modeling Language)，KACTUS 支持面向应用和理论的工作包，提供了一个既能对理论问题做实验，又能进行实际工作的环境。

(3)在知识获取方面的应用。

借助知识图能够更加有效地获取知识。在信息挖掘中，基于知识

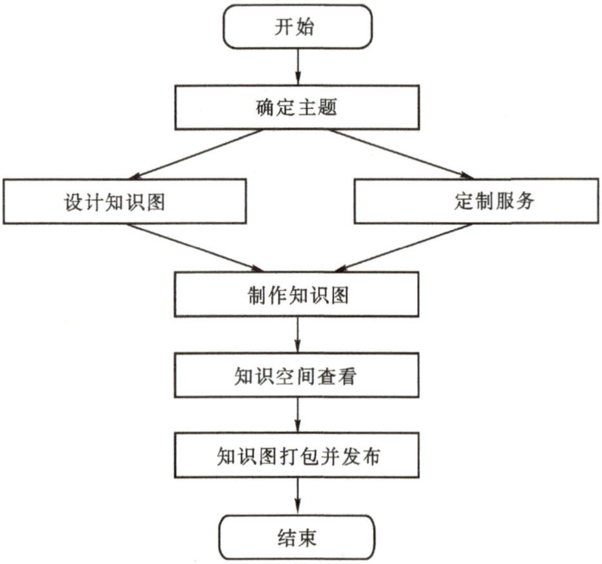

图 4-4　主题制作流程

图的挖掘可在高层次进行，产生高层次或多层次的规则，甚至在具有语义意义的规则上产生挖掘结果；同时在软件工程方面，知识图能帮助更加准确地获取软件需求信息。目前国内已有相应的研究。在多 Agent 系统的自动设计、B2B 电子商务等方面都引入了知识图。例如，Onto-knowledge 可以提供对弱结构化的在线信息资源进行访问、获取和维护。它的知识图用三层结构对信息进行访问：在最底层（信息层）抽取机器可处理的元信息；在中间层（表示层）使用这些元信息对信息资源进行自动访问、创建和维护；在最高层（访问层）使用基于 Agent 的技术、人工查询技术和可视化技术等来指导用户去访问这些信息。

知识图的功能主要是实现知识共享和重用，它使得计算机对信息和对语言的理解上升到语义层次。所以，知识图在一些涉及信息的互操作、知识理解等方面的领域具有很大的应用前景。

4.3.7　基于知识图的知识表示

知识图可以进行灵感性、特殊性、隐性和定性知识的形式化表示，在激发专家的思维、隐性知识的表示和存储方面具有优势。它易于展现人的思维模式，能够在一定程度上解决目前隐性知识管理所面临的隐性知识难以表达、易流失、个体化、非系统化等困难，利于隐性知识的获取、保存以及隐性知识在知识拥有者和接收者之间的展示与交流，如图 4－5 所示。

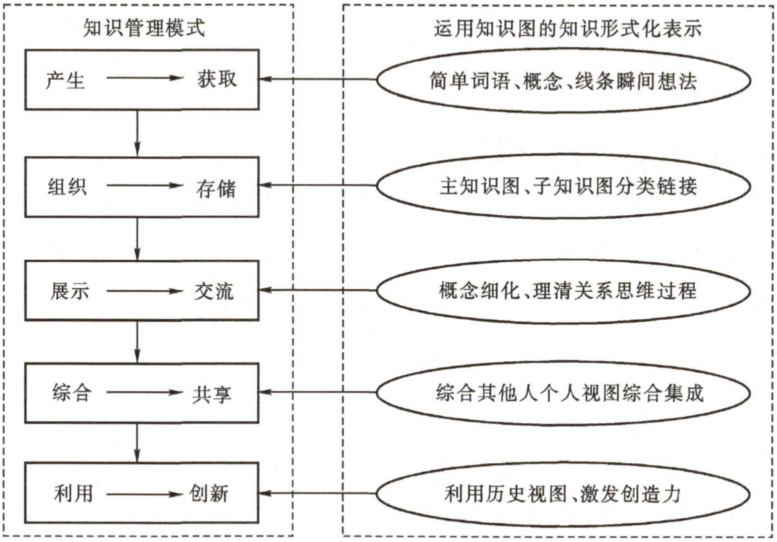

图 4－5　基于知识图的知识形式化表示

知识图在知识管理的各个阶段的知识表示都发挥着重要的作用。

(1)知识产生与获取阶段。

隐性知识的产生往往是转瞬即逝的，使得这种知识很难被即时记录，而利用知识图，则可以使头脑中无序存在的信息清晰化，用简单的词语、图像、色彩和线条迅速记录下自己瞬间的想法，或者是解决问题的思路和灵感，在一定程度上实现了隐性知识的可视化、显性化。

(2)知识的组织与存储阶段。

通过知识图可以对在产生与获取阶段所绘制的知识图进行系统的过滤、分类、扩展和整理。根据不同的领域进一步创建知识图，并用一个主知识图依据彼此之间的关联性分层、分类地将各个层次的知识图链接在一起。而后再分成不同的主题,根据个人的见解,组织合理的知识架构。这种组织与存储方式可以使信息的管理及应用更加系统化,从而提高了效率,并利于二次信息的快速提取。

(3)知识的展示与交流阶段。

在知识供给者准备向别人展示自己的知识之前,使用知识图可以帮助他们理清构思,更好地进行知识表达。同时知识图与自然语言比较更能够直观和清晰地展示作者的意图,同时便于交流,不容易引起多的歧义。

(4)知识的综合与共享阶段。

思维导图可以把人们的想法表达出来,实现隐性知识的显性化,使得隐性知识在个体之间的综合与共享变得容易和可操作。可以再次使用以使知识拥有者原来的思维过程和知识结构重现,并且可以把思维过程和知识结构与他人进行共享。

(5)知识的利用与创新阶段。

在绘制知识图的过程中,可以使作者系统综合地看待事物和思考问题,分辨主要矛盾、次要矛盾,有效地提取和运用隐性知识处理所面临的问题,并且进一步管理和完善知识结构。同时,知识图形成的过程也是可视化和可操作的思维过程,具有较强的扩展性,可以激发思维创造力,有利于知识创新。可见,知识图在知识管理的各个阶段的知识表示都发挥着重要的作用。

4.4　基于知识图的应急决策知识表示方法的应用

这里以"降雨为主"的主题应用为例,来阐述系统中基于知识图的知识表示方法的应用模式开发思想和具体的开发过程,主要步骤包括以下方面:

1.降雨主题确定

在防汛会商时,决策者希望尽快了解近期内降水情况,着重了解一段时间内雨量累计情况，根据累计雨量倒序排列，选择最大累计雨量区域和相关河道、相关水库、防汛保障措施相关联。也就是说，在雨量最大区域内，查看相关河道站水位流量情况，降雨是否对河道防汛产生灾害影响；查看水库情况，降雨是否对水库、水库下游河道产生灾害影响，如果有是否可以在水库调度过程中进行模拟仿真，改变水库运行方式，减少灾害损失；查看防汛保障设施，包括在出现灾害时，抢险队伍、物资储备、防汛人员指挥调度等情况。

这种以主题为主线的应用的信息组织方式和系统灵活搭建过程，和以往系统有本质区别，主要在于：①基于主题的方式，是以人的思考习惯，从定性的概念描述到定量的数据描述，不同于一般系统通过系统功能组织系统；②系统功能灵活搭建；③系统比较容易扩展到相关领域；④在知识共享方面提供形式化共享方法——知识包。

2. 绘制知识图

根据以上分析，以降雨为主的主题应用分为一个主知识图和四个子知识图，有利于知识的共享和复用。在知识图绘制之前，根据图4-6所示，在知识库中查找与该主题相关子知识图，在该步骤完成后，绘制知识图，将主题进一步细化为概念与模型之间的关系，就是要根据每一种情况绘制较为详细的以及可与Web服务关联的知识图。

该主知识图中包含：雨情主题子知识图、河道水情相关子知识图、水库水情相关子知识图、防汛管理及保障设施子知识图等四个子知识图。

(1)雨情主题子知识图。

雨情相关子知识图的系统功能包括以下五个方面，如图4-7所示。

①气象云图。气象云图是一个不开放组件，没有输入条件。

②天气预报。天气预报是一个不开放组件，没有输入条件。

③实时降雨量表格及柱状图。时段降雨量是开放构件，其输入是上一节点时段降雨过程数据与该节点表格和柱状图图形统计构件组合完成的功能。

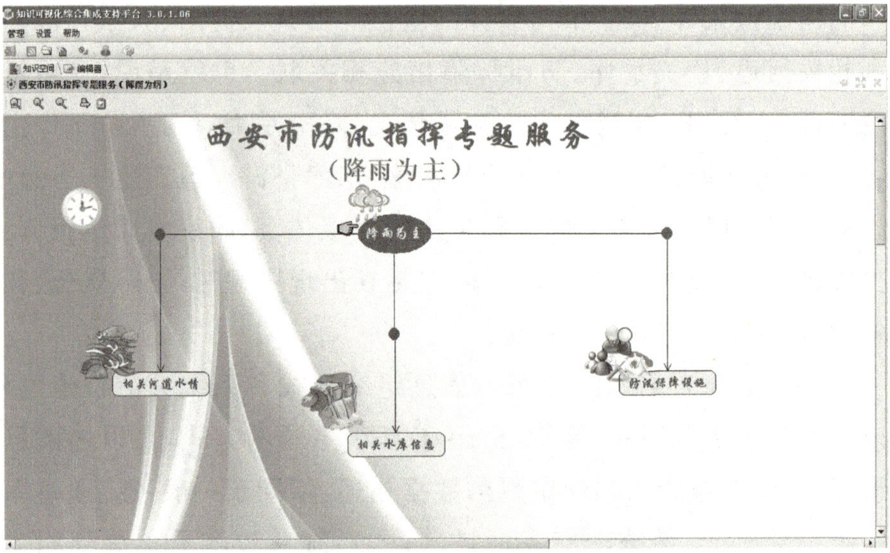

图 4－6　“降雨为主”的主知识图

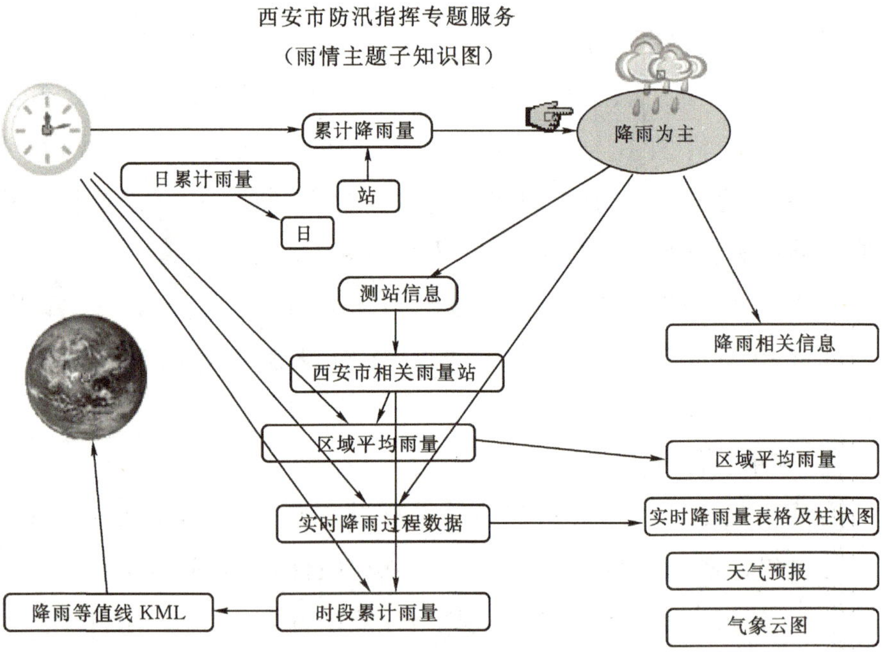

图 4－7　雨情主题子知识图

④区域平均雨量。由面雨量计算与数据表格构件组合而来。

⑤雨量等值线与等值面。通过时段累计雨量生成降雨等值线 KML 和地理信息定制构件组合而成的系统功能。

(2)河道水情相关子知识图。

河道水情相关的系统功能包括以下十个方面,如图 4-8 所示。

西安市防汛指挥专题服务

(河道水情相关子知识图)

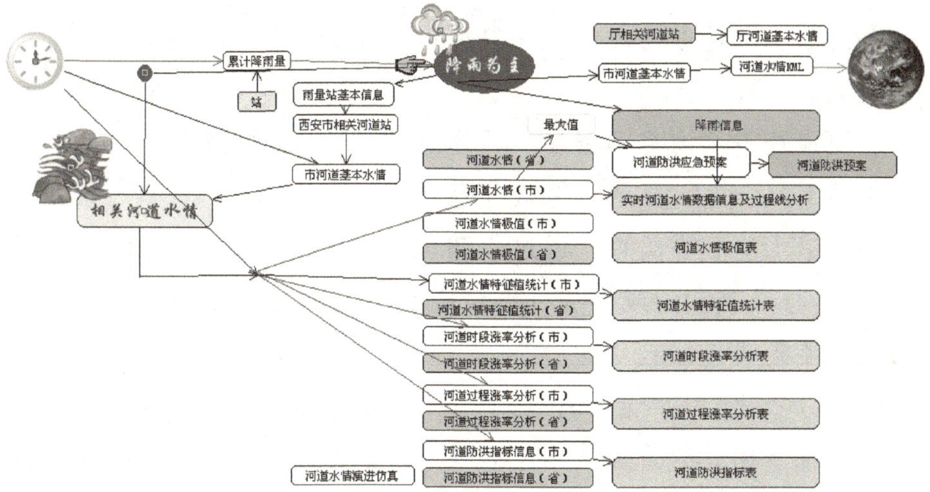

图 4-8　河道水情相关子知识图

①与雨量相关河道站基本水情。包括河道水情的特征值统计信息,如时段洪量、水位、超警水位、超保水位、流量、超警流量、超保流量、最高水位、最高超警水位、最高超保水位、最高流量、最高超警流量、最高超保流量。

该功能由雨量基本信息、雨量站与河道站关联构件、数据表格构件、特征值统计构件组合而成。

②河道水情与过程线。包括河道水情查询及水位流量过程线,以及洪量计算等。

该功能由实时河道水情、统计图形构件、表格构件组合而成。

③河道防洪预案。根据河道水情各控制站水位流量最大值与河道

应急防洪预案控制站之比较，最终实施何种应急预案。

该功能由实时河道水情、河道防洪预案，以及比较过滤构件组合而成。

④河道水情极值。由河道极值和表格构件组合而成。

⑤特征值统计。由特征值统计和数据表格构件组合而成。

⑥河道时段涨率分析。由河道时段涨率分析和表格构件组合而成。

⑦河道过程涨率分析。由河道过程涨率分析和表格构件组合而成。

⑧河道防洪任务指标信息。由河道防洪任务指标信息和表格构件组合而成。

⑨河道基本水情 GIS 显示。河道水情 GIS 显示，由实时河道水情、河道水情 KML、GIS 显示构件组合而成。

⑩河道水情演进仿真。通过子知识图关联而来，也就是说，通过知识图连接，将已有知识成果加入到该主题应用中，体现更高级别和粒度的系统功能集成。

(3)水库水情相关子知识图。

水库水情相关的系统功能包括以下八个方面，如图 4－9 所示。

①与雨量相关和水库站基本水情。包括河道水情的特征值统计信息，水位、库容、入库流量、出库流量、水势、汛限水位、正常水位、设计洪水位、校核洪水位、超汛限水位、超正常水位、超设计水位、超校核水位、最高库水位、最高入库流量出现时间、最高入库流量、最高出库流量出现时间、最高出库流量等。

该功能由雨量基本信息、雨量站与水库站关联构件、数据表格构件、水库特征值统计构件组合而成。

②水库水情与过程线。

该功能由实时水库水情、统计图形构件、表格构件组合而成。

③水库防洪预案。根据水库水情入库流量最大值与水库应急防洪预案比较，最终实施何种应急预案。

该功能由水库水情、水库防洪预案，以及比较过滤构件组合而成。

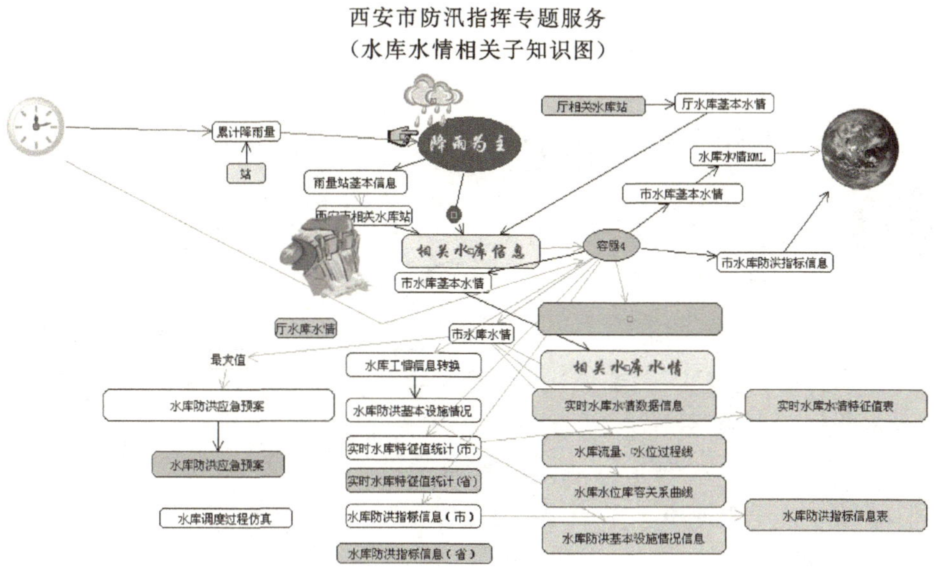

图 4-9 水库水情相关子知识图

④水库工情信息。通过相关雨量站位置，查找该区域内相关水库工情基本情况，包括堤防等。

⑤水库特征值统计。由水库特征值统计和数据表格构件组合而成。

⑥水库防洪任务指标信息。由河道防洪任务指标信息和表格构件组合而成。

⑦水库防洪任务指标 GIS 显示。由水库防洪任务指标、水库防洪任务指标 KML、GIS 显示构件组合而成。

⑧水库调度仿真。通过子知识图关联而来，与河道演进仿真一样。

(4)防汛管理及保障设施子知识图。

防汛管理及保障设施系统功能包括以下七个方面，如图 4-10 所示。

①应急通讯管理。包括台站编码、台站名称、卫星电话号码、呼号、超短波频率、常用日用短波频率、常用夜用短波频率、备用日用短波频率、备用夜用短波频率、值班电话等内容。

该功能由应急通讯管理构件及数据表格构件组合而成。

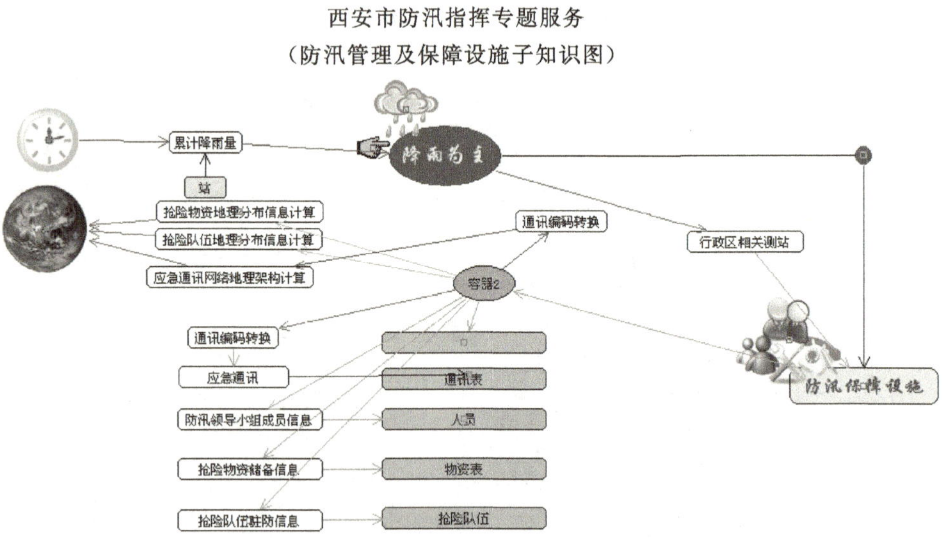

图 4－10　防汛管理及保障设施子知识图

②防汛领导成员信息管理。包括姓名、职务、单位、负责工作、电话、地址、邮箱等信息。

该功能由防汛人员信息及数据表格构件组合而成。

③应急抢险物资储备信息管理。包括物资名称、数量、单位名称、仓库名称、来源（实物仓库或虚拟仓库）、联系人、联系方式等。

该功能由应急物资储备构件及数据表格构件组合而成。

④应急抢险队伍管理。包括队伍名称、队伍数量、人数、负责人、固定电话、移动电话等。

该功能由应急抢险队伍构件及数据表格构件组合而成。

⑤应急通讯 GIS 查询。通过雨量相关站所在区县，与通讯编码进行编码转换，得到与雨量最大站附近台站的应急通讯情况，并在 GIS 中进行显示。

该功能由应急测站基本信息、测站与应急通讯网络编码转换、应急通讯网络 GIS 生成 KML 和 GIS 二维显示构件组合而成。

⑥抢险物资储备 GIS 查询。通过雨量相关站所在区县，得到与雨

量最大测站附近抢险物资储备情况，并在 GIS 中进行显示。

该功能由应急测站基本信息、抢险物资储备 GIS 生成 KML 和 GIS 二维显示构件组合而成。

⑦抢险队伍 GIS 查询。通过雨量相关站所在区县，得到与雨量最大测站附近抢险队伍情况，并在 GIS 中进行显示。

该功能由应急测站基本信息、抢险队伍 GIS 生成 KML 和 GIS 二维显示构件组合而成。

4.5　本章小结

本章对应急决策知识管理集成框架技术中的关键技术之一——知识表示问题——进行了深入的探讨，在应急决策知识需求分析、应急决策知识特点分析的基础上，结合知识表示的相关原理，分析了应急决策知识表示的特殊性以及决策知识之间的关联性，提出了基于知识图的应急决策知识表示方法。本书认为借助系统的思想和数据库技术，应急决策知识管理系统的知识图可以进行积累和扩展从而形成知识图库，为进一步实现应急决策知识的扩展和共享奠定基础。建立较为完整的抗洪防汛应急决策指挥系统的知识图库，可以较好地解决知识获取过程中知识来源与知识关联问题，同时为今后更大范围内开展的应急决策知识积累、知识共享提供良好的基础。

第 5 章　基于事例推理的应急决策知识获取方法

基于知识图的知识描述、表示及可视化解决了知识的表示问题，从实际应用的角度出发，知识的应用还要解决知识的获取问题，尤其是隐性知识的获取。如第 3 章中所分析的，应急决策的知识获取问题也是应急决策知识管理的一个关键问题。在应急决策过程中所涉及知识来源广泛且包含的大部分知识是隐性知识，而从知识获取的角度出发，基于事例推理（Case-Based Reasoning，CBR）方法是主要的同时也是很有效的隐性知识获取方法。采用基于事例推理技术，是通过获取以往的成功案例或专家的经验知识，并运用知识图对这些知识进行描述和可视化研究和应用的模式，将具有很好的研究和应用价值。本书将通过基于事例推理和知识图的抗洪救灾中的防汛水库洪水调度演进与应用，并验证该模式的可行性和有效性。

知识推理是按照某种策略从已知事实或知识中推导出新知识的过程。它是人工智能领域重要的研究课题之一，由此形成了不同的知识推理机制，具有代表性的分类有演绎推理和归纳推理，单调推理和非单调推理，确定推理和不确定推理，正向推理和逆向推理等。具有代表性的推理方法有基于产生式规则的推理[54]、基于模糊逻辑的推理[55][56]、基于案例的推理等。

韩国的 Noh 提出了运用认知图（Cognitive Map，CM）来形式化表示隐性知识，并采用基于案例的推理 CM 驱动的隐性知识[57]。爱尔兰都柏林圣三一学院的 Cunningham 应用基于案例的推理的迭代方法来解决航空交通控制系统中的航线冲突问题[58]。在突发事件应急决策知识快速反应过程中，知识推理是根据应急问题描述的知识，推理出避免灾害扩大化的相关的必须一并解决的连锁问题，这种推理的一个直观感觉就是应急问题间的关联知识获取。

5.1 CBR 理论

CBR 是新崛起的一项重要推理技术，它与类比推理存在类似之处。类比推理研究的哲学和心理学研究中的概念形式理论及问题求解和经验学习理论，对早期的 CBR 思想产生了影响。

CBR 在很大程度上符合专家迅速、准确地求解新问题的过程，所以这种利用过去经验进行推理的思想从一开始就备受关注。案例推理的思想源于美国耶鲁大学 Roger Schank 教授 1982 年发表的 *Dynamic Memory* 中关于动态记忆和场景回忆在问题求解过程中核心作用的研究。以后由他的学生经过多年的工作逐渐发展起来。

5.1.1 CBR 基本原理

CBR[145,146]是新近崛起的一种重要的知识表示、知识推理、问题求解方法，源于人类的认知心理活动，即习惯于借鉴以往对类似问题的求解经验，是一种类比推理。基于实例的推理的基本思想是把以前的实例按一定的方式组织起来，存储在实例库中，在需要使用知识解决问题时，通过检索实例库，找出与新问题相似的一个或几个实例，当被检索的实例与新问题的情况相似但不一致时，可在旧的实例基础上做适当的调整和修改，以满足新的情况并获得问题的解。

CBR 的应用包括检索、重用、修正和保存[147]，具有以下特点：①不需要确定的领域模型，知识获取本身就是对历史事例的收集过程；②主要操作过程为提取事例特征，易实现；③便于运用数据库技术进行信息管理；④通过获取新的知识作为事例进行学习，维护简便。

CBR 的实质是根据问题描述，从实例库中提取出相似的实例，并通过对实例的参考，得到问题的解，能够非常好地解决专家系统中知识抽取、开发维护困难等问题,它特别适用于知识贫乏但经验丰富的领域。CBR 将专家知识以实例的形式存放在实例库中而不是像传统的专家系统一样通过抽取专家知识将知识以规则的形式存放在知识库中,因此 CBR 能够很好地解决专家系统面临的知识抽取困难的问题。

CBR 有两种类型,即问题求解型和解释型。问题求解型侧重于对过去策略的匹配与修改,而解释型强调以旧事例对新事例做出评价与解释。二者推理过程均类似于人类经验类比推理,具有简化知识获取、提高问题求解效率、改善求解质量、进行知识累积等优点。特别适合解决结构不良、实时性要求高、传统的优化模型难以解决的问题[148],帮助他们在不知道或不确定怎么办的情况下做出决策。因而相对于其他方法比较适用于应急管理。

5.1.2 CBR 的特点与工作过程

CBR 是通过访问知识库中过去同类问题的求解方法,从而获得当前问题求解的一种推理模式。一个 CBR 系统是一个包括事例表示、索引、存储、组织、推理、事例学习的完整的系统,体现了更高级的知识环境,是多种 AI 技术的综合。它主要有以下特点:

①基于事例推理不需要一个确定的领域模型,知识获取就是历史事例的收集过程;

②主要操作过程简化成提取事例有意义的特征的过程,这比建立确定性模型更加容易;

③可运用数据库技术管理大量的信息;

④通过获取新的知识作为事例进行学习,维护更加简便。

CBR 的核心思想为:在问题求解时,人们可以使用以前对该类问题的求解经验,即事例来进行推理。在这种求解问题的方法中,人们将过去对问题的求解事例按一定的组织方式存储在事例库中,当用户输入待求解的新问题时,系统首先从事例库中寻找这种事例或近似于这种事例的事例。如果找到的事例与待求解事例的描述完全一致,则将找到的事例中对问题的解输出。否则，根据对待求解问题的描述，对检索出来的事例进行修改，以产生一个符合问题求解要求的解并将其输出；同时将这个问题的求解作为一个新的事例再存储到事例库中。因此，在以后系统求解过程时，便可利用事例库中所有已知的事例，而不必每次都从头开始。一个典型的 CBR 应用一般包括四个步骤，即事例检索(Retrieve)、事例复用(Reuse)、解决方案修正(Revise)和事例保存(Retain)，其推理过程如图 5-1 所示。

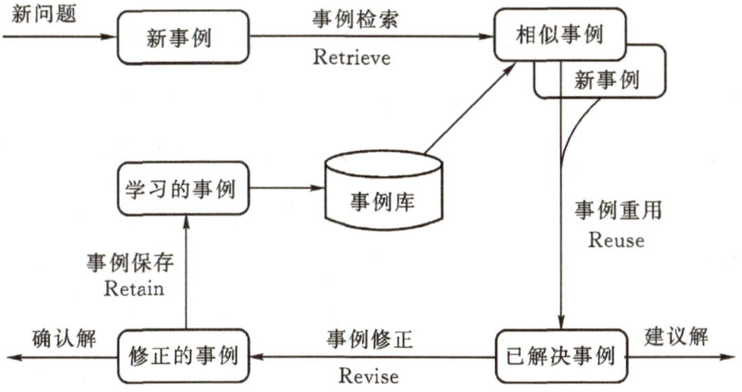

图 5-1　基于事例推理的过程模型

①检索(Retrieve)：对于新的问题，根据新问题特征属性从事例库中检索出与之最相似的事例或事例集；

②重用(Reuse)：从检索出的事例或事例集中选出最相似的事例，或通过多个事例的组合，形成新问题的解决方案，若是方案符合要求，则重用方案，否则需要修正方案；

③修正(Revise)：从相似事例中修正求解方案，使之适合于求解当前问题，得到当前问题的求解方案；

④保存(Retain)：将确认的新事例按照一定的策略存入事例库，以备将来重用，保存过程也是一个机器学习的过程。

CBR 的优点主要有以下几点：

①知识获取较容易，事例库中保存的知识是事例，而事例是知识的

完全表达，并不需要分解和泛化事例经验以形成规则；

②增加式学习，可以在没有专家干预的情况下，通过增加事例，事例推理的求解范围得以扩大；

③求解过程简化，由于是复用过去的解答或求解方法，而且对于同样的问题，不需要像规则推理那样从头开始，因而求解效率高；

④CBR 的求解根据来自于存在或已发生过的事例，事例库中可以保存有成功的和失败的解答，与规则链的求解相比，解的质量得到了提高；

⑤CBR 系统得出的结果易于被用户接受。

基于事例的推理作为克服基于规则系统不足的新选择，在 20 世纪 80 年代得到迅速发展。1983 年，Janet Kolodner 领导开发了第一个基于事例的推理系统——CYRUS，实现了 Schank 著作中的许多思想。在 CYRUS 的事例记忆模型基础上，耶鲁大学、佐治亚理工学院和麻省理工学院的研究人员在法律、烹饪和医药等领域中又构造了一些 CBR 系统。进入 20 世纪 90 年代，CBR 方法得到了进一步发展，其应用范围更加广泛。近年来，CBR 的研究和应用开发在亚洲国家也得到了重视，如印度、中国、日本等。

5.2 应急决策中基于事例推理的知识获取

众多的突发事件不具有可比性，也不十分相似，因此，应急决策具有不确定性、多目标性、动态性、实时性等特点，并且存在大量的非结构化(半结构化)决策问题，解决这些问题常常要利用领域专家的知识和经验。基于事例推理的方法是动态决策环境下求解不良结构问题的常用方法，可以充分利用以往经验不断优化，通过事例推理简化知识获取的过程。本书认为可以将人工智能领域中的这一基于事例推理技术应用到应急决策知识管理领域。

由于基于事例推理的危机管理方法[149,150]是通过将以往经验形成专家知识库，利用与当前问题相似的历史事例的结论（过去相似情况下效果最好的解决方案）来确定当前方案，以期对各事件采用各自适应的最佳解决模型和方案，实现择优选用的动态调度。这种利用以往的经验积累形成专家知识库中与当前危机问题相似的历史事例的最佳结论来形成和确定解决当前危机的方案，可以对历史经验采用各种自适应的最佳解决方案，实现择优选用的动态匹配。由于同类危机存在相似性，历史的成功或失败的经验具有较高的可借鉴性，因而历史事例（包括处理方案和结果）是一种重要的知识。这种方法具有简化知识获取、提高问题求解效率、改善求解质量、进行知识累积和重用等优点。

类似事件总是以一定的频率重演，相对于已经发生的某一场危机管理中成功或失败的经验可以为以后类似事件管理所借鉴，所以历史事例是一种重要的历史数据，是宝贵的知识（包括成功的经验和失败的教训）。

基于 CBR 的应急决策知识推理就是当面临一场危机时，通过与事例库中的危机特征、危机现场情景等相关条件进行匹配，选择出与当前危机管理问题相同或相似的历史事例，利用该历史事例的调度模型和调度方案（根据需要作适当修正）来解决当前的危机问题。它所依靠的是解决以前类似问题的历史事例。通常是把每次事例的关键特征加以归纳和提取，并存放在事例库中，当新的决策问题出现时，对事例库中的事例进行检索，选择出与当前问题最为相似的事例，利用当时的方案进行决策。

5.2.1　事例的表示与存储

事例表示是 CBR 的重要基础，包括问题描述和问题解决方案两部分。其中问题描述即事例的特征属性，是事例检索的基础。问题解决方案就是事例提供的可重用的方案。动态事例表示技术通常由问题特征、系统状态和问题解决方案三方面组成。

事例表示实际上就是对知识的一种描述，即用一些约定的符号把知识编码成一组计算机可以接受的数据结构[151]。事例的表示重要的不是事例的描述方法，而是事例描述中所包含的内容。事例的内容一般由三个部分组成：①问题或情景描述，即事例发生时要解决的问题及周围世界的状态（初始状态）；②解决方案，即求解问题的方法和途径；③结果，即执行解决方案所导致的结果（新状态）。问题或情景描述和解决方案是任何基于事例推理系统必不可少的，结果部分则根据实际需要决定是否需要。在实际应用中，构造覆盖整个问题域的事例库是不现实的，但应尽可能多地覆盖问题空间[152]，其表示的一般原则是要有利于事例的检索、知识的组织、事例库的维护与管理以及知识的扩充。目前，危机事例表示使用较多的方法主要有语意网络、框架和面向对象的表示方法等[153]。

具体到某一应急领域，就是将一场危机的相关信息都存储下来，以使计算机系统可以识别和使用。事例应该包括危机情景信息所涉及的环境、状况特征、危机特征、所选用的调度模型或调度方案、处理过程以及最终结果等方面。其中危机特征描述和涉及的环境、状况、情况属于问题和情景描述，调度模型和调度方案属于求解方法，调度过程和最终结果则属于问题的结果。

由于应急决策的对象危机事件的发展面临着众多的不确定性，无论采用哪种方法进行危机事例的表示和存储都必须要很好地解决事例特征的抽取问题。危机事例特征的选取是事例表示的关键，而危机事例的特征又可分为事前特征、事中特征和事后特征，考虑到应急决策要求方案的实时性、效用性和事前防范为主的特点，对于危机事例的主要特征应该选择面临决策的事前特征。

在防汛抗洪指挥系统中，洪水的“汛期”“初始水位”等就是有关洪水的主要特征。本书所选择的洪水调度事例特征如表 5－1 所示。由于前期相关基础工作较为薄弱，目前缺乏足够多的相关数据资料，为了简化研究过程，大部分洪水事例特征采用的是预报的洪水特征。

表 5-1　水库洪水调度事例的主要特征及其取值

特征类型	特征属性	特征取值	特征值单位	特征值类型
自然和工程特征	水文年	枯水年、平水年、丰水年	—	枚举型
	汛期/非汛期	汛期、非汛期	—	枚举型
	水库初始水位	洪水发生时水库的水位	m	数值型
水文气象特征	降雨历时	降雨持续的时间	h	数值型
	累计降雨量	降雨持续的时间内累计降雨量	mm	数值型
洪水特征	洪形	瘦峰型、胖峰型、多峰型、胖瘦结合型	—	枚举型
	洪峰流量	洪峰流量	m^3/s	数值型
	3D 洪量	3 天洪水总量	亿 m^3	数值型
	洪水频率	洪水出现的频率	—	数值区间型
	洪水历时	洪水持续的时间	h	数值区间型

实际上事例特征的选择方面的工作至关重要，它是事例表示、存储和检索的基础，其选择的合理与否将直接影响到决策知识管理的结果和效果。从目前掌握的情况来看，各种应急管理系统在对于应急知识的特征选择方面的研究都还处于起步阶段，这方面还有大量的基础性工作需要进一步做更加深入的研究和探讨。

综合考虑水库洪水调度的相关因素，水库调度范例应该包括以下内容：①洪水特征：洪形、洪峰流量、x 洪量（表示 x 时间的洪量，如 3 天洪量）、洪水频率、洪水历时等；②自然和工程条件：非汛期/汛期、初始水位、丰/枯/平水年等；③调度模型和调度方案；④调度过程和调度结果：提前泄水时间、最大下泄流量、水库最高水位等。为了提高事例表示和推理的效率，本系统采用了基于关系数据库的知识表示方法来表示洪水调度事例，同时，结合关系数据库强大的组织和管理能力对洪水调度事例进行组织管理。

5.2.2 事例的索引与存储

高效的事例索引还需要对事例存储方式进行研究，有效地组织信息将有助于索引效率的提高。典型情况下，事例是按它们的最为显著的特征来索引的，这样便可以高效地检索出那些与当前问题具有更多共同特征的事例，使事例的相似度大大提高。标识突出特征的方法有赖于问题的具体情况，需要进行大量细致的前期研究分析。

事例的存储及索引方式是影响事例检索效率的关键因素之一。为了缩小事例搜索空间，提高检索效率，事例库中的历史事例应该可以按照各种使用方式建立相应的索引。当进行事例检索时，可根据问题的特征，按照一定的索引规则建立相应的索引，以便于在事例库中快速寻找相匹配的事例。例如，本书认为将汛期/非汛期、水文年、洪形、洪峰流量作为水库洪水调度事例的索引，采用关系数据库技术建立事例库，水库洪水调度事例库的结构模型如图 5－2 所示。

采用关系数据库技术建立事例库，利用关系数据库强大的数据存储、检索和管理功能，便于实现事例的存储及事例的检索、添加、编辑、删除等操作。

5.2.3 事例库的建立

由于关系型数据库强大的数据存储、检索和管理功能，便于实现事例的存储及事例的检索、添加、编辑、删除等操作，本书采用关系数据库技术建立事例库，这样可以利用关系数据库来存储和管理事例，建立专门的事例库。

事例库的建设是一个逐步积累和完善的过程，目前这方面的工作还都处于探索阶段。当事例库中历史事例较少，而且类型为常见类型，就会经常出现在事例库中检索不到相应的历史事例的情况。对于这类问题，可以用两种办法来解决这类问题：一是提前制定相应的预案，并

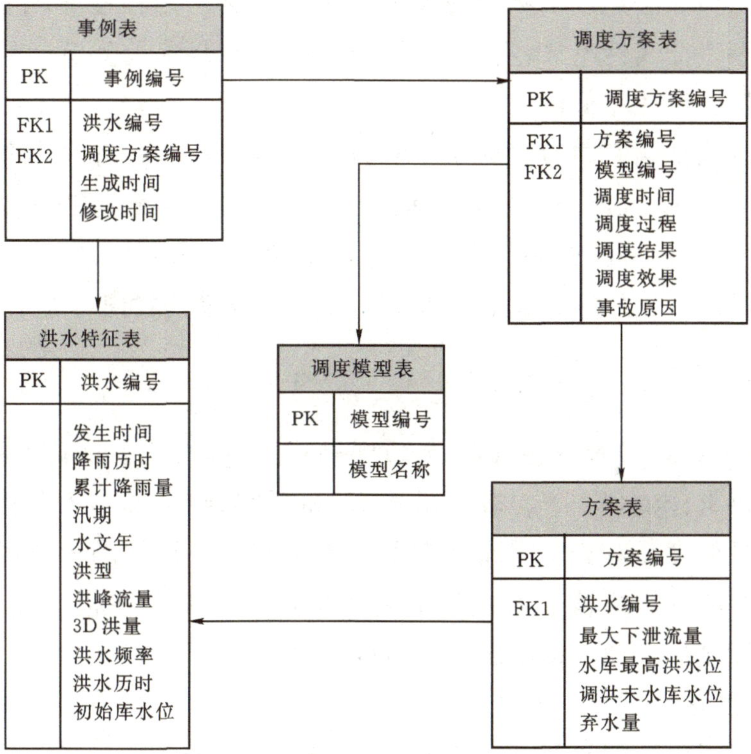

图 5－2　水库洪水调度事例库的实体-关系图

将其保存到事例库中以备日后使用；二是如果事例库中没有检索出与设计相似的事例（或事例的相似度太低），则可以对应地实时提出新的方案，并将其保存到事例库中。这两种方法可以较好地解决系统在初始阶段由于事例库过于单薄而影响应急决策方案形成的问题。

5.2.4　事例的检索和匹配

事例的检索和匹配是 CBR 系统的关键步骤，也是 CBR 系统技术实现研究的第一个热点问题[154]。事例检索的效率与事例的索引结构和匹配算法密切相关，常用的事例检索算法主要有最近相邻法（K-Nearest Neighbour，KNN）、归纳索引法、知识引导法等。其中，KNN 法由于概念清晰、计算简便而被普遍采用。

最近相邻法是以事例间的距离来表示事例间的相似度。事例特征是由许多特征属性组成，需要计算事例间的相似度，首先就必须先计算事例的特征属性相似度。

假设从事例库中检索到 n 个事例与面临问题相关，组成的集合可以表示为 $C=\{C_1, C_2, \cdots, C_n\}$，$C_0$ 表示某个新问题；事例包含 m 个特征属性，可记为 $S=\{S_1, S_2, \cdots, S_m\}$，$S_{ij}$ 表示事例库中第 i 个调度事例的第 j 个特征属性，V_{ij} 为 S_{ij} 的取值。将 KNN 法用数学公式即可表示为

$$\mathrm{Sim}(C_i, C_0) = \sum_{j=1}^{m} \omega_j \mathrm{Sim}(S_{ij}, S_{0j}) \tag{5.1}$$

式中，$\mathrm{Sim}(C_i, C_0)$ 表示事例 C_i 与新问题 C_0 的综合相似度；ω_j 为第 j 个属性的权重；$\mathrm{Sim}(S_{ij}, S_{0j})$ 表示事例 C_i 和新问题 C_0 的第 j 个特征属性之间的相似度。对于不同属性类型的事例间特征属性的相似度计算要采用不同的计算方法。属性类型主要包括数值型属性相似度、数值区间型属性相似度和枚举型属性相似度三种。

(1)数值型属性相似度。

数值型属性的相似度可按下式计算：

$$\mathrm{Sim}(S_{ij}, S_{0j}) = 1 - | V_{ij} - V_{0j} | / | \max_j - \min_j | \tag{5.2}$$

式中，$\max_j$ 和 $\min_j$ 分别表示事例 C_i 和新问题 C_0 第 j 个特征属性的最大值和最小值。

(2)数值区间型属性相似度。

数值区间型属性的相似度可采用区间相对长度法来计算。该方法是通过计算两个区间长度的重叠率作为区间的相似度，具有计算简单和准确的优点。设 a、b 是两个数值区间，其关系有相离、相交和包含三种，如图 5－3 所示。可以看出图 5－3(c)中数值区间型属性的相似度最大，图 5－3(a)中的最小，为 0。

(3)枚举型属性相似度。

如果两个事例的属性值相同，则两者的相似度为 1，否则为 0。

$$\mathrm{Sim}(S_{ij}, S_{0j}) = \begin{cases} 1 & S_{ij} = S_{0j} \\ 0 & S_{ij} \neq S_{0j} \end{cases} \tag{5.3}$$

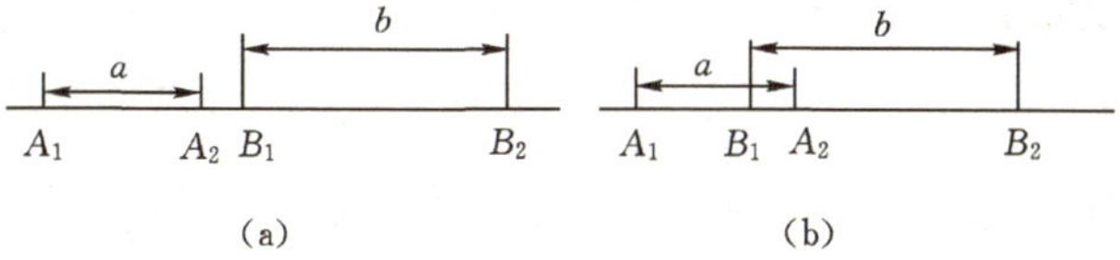

图 5-3　a、b 区间关系

然而，KNN 法在实际应用过程中存在着两个不可回避的问题[157,158]：首先是事例特征权重的确定的客观性和准确性；其次是其检索时间随事例数目及属性数目的增长呈非线性增长。这样的问题严重影响着 KNN 法的检索质量与效率，尤其是对于大型的复杂事例库进行实时监测事例比对时，检索效率和质量都将受到严重影响，这一问题有待进一步深入研究。

本书在水库洪水防汛调度指挥系统中采用了遗传禁忌算法(Genetic Algorithms and Tabu Search，GATS)和 KNN 法相结合的混合检索算法进行水库洪水调度事例的检索，大大降低了检索的开销，提高了检索的效率。

5.2.5　事例的优选

通过检索和匹配可以得到相似度较高的一组洪水调度事例。由于水库洪水调度问题的复杂性和不确定性，在有些情况下，相似度最大的事例并不一定是最好的，除非事例之间的相似度特别高，因此，需要对洪水调度事例进行优选。本书通过预先设定一个相似度阈值(如 0.8)，对检索出来的相似度大于该阈值的事例，采用多目标决策方法[156,157]进行调度方案的优选，调度方案最优的事例即为最优的洪水调度事例，详见 5.3 节。

5.2.6　事例的调整

通过事例检索和匹配，可以得到按照相似度降序排列的候选事例集，现场管理人员可以选择相似度最高的一个或几个事例作为参考。

通常情况下，基于事例推理检索出来的调度事例中的调度模型可以直接应用于当前问题的解决。但由于当前的问题与检索出来的事例在特征方面可能会存在一定的偏差，当差异较大时不能直接将检索出来的调度事例中的调度方案用于当前的调度问题，除非两场灾难的各方面情况特别相似即差异较小，否则就需要对检索出的事例进行一定的修正，以适应当前的问题。

事例修正是 CBR 应用中的另一个难题，由于事例修正的主要内容包括对事例特征和事例结构的修正，非专业人士很难进行。目前有多种事例修正策略[158,159]，主要有人工干预和基于规则的修正。人工干预主要由有经验的应急管理人员或专家对事例进行修正；基于规则的修正是利用规则对调度事例进行修正。由于事例的修正需要用到相关的领域知识，这使得事例的修正没有像事例检索一样有成型的算法，因此，危机事例的修正可以采用人工干预和基于调度规则相结合的修正方法，相对效率较低，如果能够有效地进行知识共享，将会大大提高危机应对的能力。

5.2.7 事例的学习

事例的学习能力至关重要。事例的学习将使事例库中的知识不断得到补充和完善，从而使系统能够智能化。每一次将新事例存储到事例库中，就意味着 CBR 系统进行了一次知识获取，完成了一次学习。随着新事例的不断补充加入，事例库将不断完善和丰富，CBR 解决问题的能力也逐渐增强。当然，在事例库不断丰富的同时，随着事例库越来越庞大，其推理效率也将会下降，因此，必须采取一定的措施以保证事例库的高效性。

为确保被添加的新事例的“必需性”，以控制事例库的容量，可以采取如下措施：

(1)当新旧事例的相似度小于预先设定的阈值(可由专家确定)时，将新事例添加到事例库中，即与以往事例不太相似，有添加的必要。

(2)当新旧事例相似度在某一界定范围内时,经调整后的事例可以被添加在事例库中,如果优于被检索出的事例,则可以替换原有的事例,剔除陈旧事例,降低冗余。

(3)当新旧事例相似度大于某一阈值时,新事例可以被丢弃,属于类同事例,没有必要保存。

5.3　基于多目标决策的 CBR 事例优选

多目标决策问题普遍存在于决策领域,而且有着广泛的实际应用背景。由于信息的模糊性和不确定性,许多学者采用 Fuzzy 集理论来处理这类问题。Gau 和 Buehrer 于 1993 年提出 Vague 集理论。Vague 集是 Zadeh 模糊集的一种推广形式,等同于 Atanassov 提出的直觉模糊集。Vague 集概念的提出,主要基于人类看待问题一分为二的观点,既从正面看问题,又从反面看问题,并且同时考虑肯定面和否定面的和未必等于 1,即它的特点是同时考虑了隶属度、非隶属度和犹豫度三个方面的信息,这使得 Vague 集比 Zadeh 的模糊集在处理模糊性和不确定性等方面具有更强的表示能力,且更具灵活性和实用性。有关 Vague 集的研究已经取得了丰富的成果。Chen 和 Tan 将 Vague 集应用于模糊条件下的多目标决策问题,利用记分函数与加权记分函数给出决策。Hong 和 Choi 等分别对 Chen 和 Tan 的方法进行分析,针对其不足之处给出了一系列的修改形式。后续许多学者对多目标决策问题进行了研究。

但目前的研究成果大都集中在 Vague 的运算法则、Vague 集(值)的相似性度量、方案的优选准则等理论和方法方面,关于目标的 Vague 值,即隶属度、非隶属度和犹豫度的计算却研究较少。王珏通过设定满意度的下界和不满意度的上界获得方案的支持目标集、反对目标集和中立目标集的方法来确定方案的 Vague 值,但这种方法具有一定的随机性和不确定性,并且存在支持目标集和反对目标集分别相同时无法得到最优方案的问题。黄松通过综合多位专家给出的每个目标的满意度下界和不满意度上界，求得各目标的平均满意度下界和不满意度上界来计算方案的 Vague 值。其主要问题在于满意度和不满意度分别介于 0 和 1 之间，然而在实际中专家很难把握其上下界并给出真正合理的取值。上述两种方法也只能得到方案的 Vague，无法得到目标的 Vague 值。因此，如何计算目标的 Vague 值以及如何避免决策者的主观随意性来确定满意度的上下界是有待研究的重要问题[160]。本书引入属性集和属性测度理论，通过属性测度理论构造出了目标的真隶属度函数、假隶属度函数和犹豫度函数，以此来计算目标的 Vague 值，避免了通过确定满意度的下界和不满意度的上界求解 Vague 值的主观随意性，并使得真假隶属度的计算有了一定的理论依据。最后通过加权记分函数对方案进行排序，从而选择出最优方案。洪水调度事例优选实例说明该方法的有效性和实用性。

5.3.1 Vague 集理论

设论域 $U=\{u_1,u_2,\cdots,u_n\}$，其中元素 $u_i(i=1,2,\cdots,n)$是所讨论的对象，U 上的一个 Vague 集 H 由真隶属度函数 $t_H:U\to[0,1]$和假隶属度函数 $f_H:U\to[0,1]$所描述，其 $t_H(u_i)$是支持 u_i 的证据所导出的肯定隶属度的下界，$f_H(u_i)$则是由反对 u_i 的证据所导出的否定隶属度的下界，$t_H:u_i\to[0,1]$，$f_H:u_i\to[0,1]$，且 $t_H(u_i)+f_H(u_i)\leqslant 1$。元素 u_i 在 Vague 集 H 中的隶属度 $\mu_H(u_i)$被区间$[0,1]$的子区间$[t_H(u_i),1-f_H(u_i)]$所界定，称该区间为 u_i 在 H 中的 Vague 值。

对于 $\forall u\in U$，称 $\pi_H(u)=1-t_H(u)-f_H(u)$为 u 相对于 Vague 集 H 的 Vague 度，它刻画了 u 相对于 Vague 集 H 的犹豫程度，是 u 相对于 H 的未知信息的一种度量。$\pi_H(u)$值越大，说明 u 相对于 H 的未知信息越多，显然，$0\leqslant\pi_H(u)\leqslant 1$。

由此可见，Vague 值$[t_H(u),1-f_H(u)]$的内涵比 Fuzzy 值即隶属度 $\mu(u)$要丰富。

对于 U 上的 Vague 集 H，当 U 是离散的时，有

$$H=\sum_{i=1}^{n}[t_H(u_i),\ 1-f_H(u_i)]/u_i,\quad u_i\in U \tag{5.4}$$

当 U 是连续的时，有

$$H=\int_U\left\{[t_H(u),1-f_H(u)]/u\right\}\mathrm{d}u,\quad u\in U \tag{5.5}$$

5.3.2　基于 Vague 集的模糊多目标决策

这里的模糊多目标决策方法，其原理是将模糊数学应用于决策理论中的多属性决策（或称之为有限个方案的多目标决策），利用已有的决策信息通过一定的方式对一组（有限个）备选方案进行排序并择优。

它主要由两部分组成：

(1)获取决策信息。决策信息一般包括两个方面的内容，即属性权重和属性值（属性值主要有三种形式：实数、区间数和语言）。

(2)通过一定的方式对决策信息进行集结并对方案进行排序和择优。

多属性决策问题有三个要素，即方案、属性（目标）与方案的属性值。一个方案的某一属性的具体状态称为该方案的属性值。它可以是数值，也可以是文字，而且可能因人而异，反映决策者的个人偏好，因此可以是一个模糊观念。而多属性决策，就是根据各方案诸多属性的不同值，来综合分析与权衡各方案的优劣，从中选出一个满意方案加以实施，或排定各方案的优劣顺序。

多属性决策模型的基本结构是有序三元组（**H**,**C**,**X**），其中 **H** 是方案集，**S** 是属性集，**X** 是属性值矩阵，又称为多属性决策短阵。多属性决策的基本模型是多属性决策表，其一般形式如表 5－2 所示。表 5－2 中 x_{ij} 为方案 $H_i(i=1,2,\cdots,m)$ 的 $C_j(j=1,2,\cdots,n)$ 属性值。

表 5-2　多属性决策的决策值矩阵 X

H_i \ C_j	C_1	C_2	…	C_n
H_1	x_{11}	x_{12}	…	x_{1n}
H_2	x_{21}	x_{22}	…	x_{2n}
⋮	⋮	⋮		⋮
H_m	x_{m1}	x_{m2}	…	x_{mn}

由于 $\mathbf{H}=\{H_1,H_2,\cdots,H_m\}$ 为决策方案集，$\mathbf{C}=\{C_1,C_2,\cdots,C_n\}$ 为目标集，假设决策方案 H_i 在目标集 $\mathbf{C}$ 下的特征由以下 Vague 集来表示：

$$H_i=\{(C_1,[t_{i1},1-f_{i1}]),(C_2,[t_{i2},1-f_{i2}]),\cdots,(C_n,[t_{in},1-f_{in}])\} \tag{5.6}$$

式中，t_{ij} 表示决策方案 H_i 满足属性 C_j 的程度，f_{ij} 表示决策方案 H_i 不满足属性 C_j 的程度。假设决策者要在决策方案集 $\mathbf{H}$ 中选择一个方案，使其同时满足属性 $C_j,C_k,\cdots,C_p$ 或者满足属性 C_s，即决策者的要求为：C_j and C_k and … and C_p or C_s。决策方案 H_i 满足与不满足该要求的程度用评价函数 E 表示为

$$\begin{aligned}E(H_i)&=([t_{ij},1-f_{ij}]\wedge[t_{ik},1-f_{ik}]\wedge\cdots\wedge[t_{ip},1-f_{ip}])\vee[t_{is},1-f_{is}]\\&=[t_{H_i},1-f_{H_i}]\end{aligned} \tag{5.7}$$

其中，$t_{H_i}=\max(\min(t_{ij},t_{ik},\cdots,t_{ip}),t_{is})$，

$$1-f_{H_i}=\max(\min(1-f_{ij},1-f_{ik},\cdots,1-f_{ip}),1-f_{is})$$

基于 Vague 集的多目标模糊决策问题，就是如何从用 Vague 集来表示的满足目标程度的候选方案中选出满足决策者要求的最佳方案来。

1. 单目标等级确定

对于任意一个方案 $H_i\in\mathbf{H}$，要考虑它在单目标 $C_j\in\mathbf{C}$ 上满足决策者要求的程度，必须先确定决策者能够接受的满意值和不满意值的范围，这可用如表 5-3 所示的单目标等级标准来表示。

表 5-3　单目标等级标准划分表

单目标 \ 等级标准	满意	中立	不满意
C_1	$[c_{10},c_{11}]$	$[c_{11},c_{12}]$	$[c_{12},c_{13}]$
C_2	$[c_{20},c_{21}]$	$[c_{21},c_{22}]$	$[c_{22},c_{23}]$
…	…	…	…
C_n	$[c_{n0},c_{n1}]$	$[c_{n1},c_{n2}]$	$[c_{n2},c_{n3}]$

设决策方案 H_i 在目标 C_j 下的测评值为 x_{ij}：

(1)如果 $x_{ij}\in[c_{j0},c_{j1}]$(决策者能够接受的满意值的范围)，则称目标 C_j 对于方案 H_i 是满意的，或称方案 H_i 是支持目标 C_j 的；

(2)如果 $x_{ij}\in[c_{j1},c_{j2}]$(决策者犹豫的取值范围)，则称指标 C_j 对于方案 H_i 是中立的，或称方案 H_i 对目标 C_j 既不支持也不反对；

(3)如果 $x_{ij}\in[c_{j2},c_{j3}]$(决策者能够接受的不满意值的范围)，则称目标 C_j 对于方案 H_i 是不满意的，或称方案 H_i 是反对目标 C_j 的。

其中，$c_{j0}<c_{j1}<c_{j2}<c_{j3}$ 或 $c_{j0}>c_{j1}>c_{j2}>c_{j3}$，$i=1,2,\cdots,m$，$j=1,2,\cdots,n$。

2. 单目标 Vague 值的确定

方案 H_i 满足目标 C_j 的程度用一个 Vague 值表示，记作 $[t_{ij},1-f_{ij}]$，$(i=1,2,\cdots,m;\ j=1,2,\cdots,n)$，要确定方案 H_i 在目标 C_j 下的 Vague 值 v_{ij}，就必须先计算方案 H_i 满足目标 C_j 的程度 t_{ij} 和不满足目标 C_j 的程度 f_{ij}。下面我们利用属性测度理论[178,179]，由表 5-3 确定目标的真隶属度函数 $t_{ij}(x)$、假隶属度函数 $f_{ij}(x)$ 和犹豫度函数 $\pi_{ij}(x)$，通过这些函数就可以确定方案 H_i 在目标 C_j 下的 Vague 值。

设决策方案 H_i 在目标 C_j 下的测评值为 x_{ij}，令

$$b_{jk}=\frac{c_{j(k-1)}+c_{jk}}{2},\ k=1,2,3 \tag{5.8}$$

$$d_{jk}=\min(|b_{jk}-c_{jk}|,|b_{j(k+1)}-c_{jk}|),\ k=1,2 \tag{5.9}$$

当 $c_{j0}<c_{j1}<c_{j2}<c_{j3}$ 时，单目标的真隶属度函数 $t_{ij}(x)$、假隶属度函

数 $f_{ij}(x)$如下：

$$t_{ij}(x)=\begin{cases}1 & x_{ij}<c_{j1}-d_{j1}\\ \dfrac{|x_{ij}-c_{j1}-d_{j1}|}{2d_{j1}} & c_{j1}-d_{j1}\leqslant x_{ij}\leqslant c_{j1}+d_{j1}\\ 0 & x_{ij}>c_{j1}+d_{j1}\end{cases} \tag{5.10}$$

$$f_{ij}(x)=\begin{cases}0 & x_{ij}<c_{j2}-d_{j2}\\ \dfrac{|x_{ij}-c_{j2}+d_{j2}|}{2d_{j2}} & c_{j2}-d_{j2}\leqslant x_{ij}\leqslant c_{j2}+d_{j2}\\ 1 & x_{ij}>c_{j2}+d_{j2}\end{cases} \tag{5.11}$$

当 $c_{j0}>c_{j1}>c_{j2}>c_{j3}$时，单目标的真隶属度函数 $t_{ij}(x)$、假隶属度函数 $f_{ij}(x)$如下：

$$t_{ij}(x)=\begin{cases}0 & x_{ij}<c_{j1}-d_{j1}\\ \dfrac{|x_{ij}-c_{j1}+d_{j1}|}{2d_{j1}} & c_{j1}-d_{j1}\leqslant x_{ij}\leqslant c_{j1}+d_{j1}\\ 1 & x_{ij}>c_{j1}+d_{j1}\end{cases} \tag{5.12}$$

$$f_{ij}(x)=\begin{cases}1 & x_{ij}<c_{j2}-d_{j2}\\ \dfrac{|x_{ij}-c_{j2}-d_{j2}|}{2d_{j2}} & c_{j2}-d_{j2}\leqslant x_{ij}\leqslant c_{j2}+d_{j2}\\ 0 & x_{ij}>c_{j2}+d_{j2}\end{cases} \tag{5.13}$$

而犹豫度函数 $\pi_{ij}(x)$均可由下式给出

$$\pi_{ij}(x)=1-t_{ij}(x)-f_{ij}(x) \tag{5.14}$$

按照属性集和属性测度理论[179]，显然满足 $t_{ij}(x)\in[0,1]$，$f_{ij}(x)\in[0,1]$，$\pi_{ij}(x)\in[0,1]$，且 $t_{ij}(x)+f_{ij}(x)+\pi_{ij}(x)=1$。

3. 基于 Vague 集的模糊多目标决策方法

决策方案依据满足决策者要求的程度不同，可采用不同的方法进行处理，目前几种常见的决策方法包括以下几种。

(1)记分函数法。

Chen 和 Tan[165] 用记分函数 S 表示方案 H_i 满足决策者要求的程度：

$$S(E(H_i)) = t_{H_i} - f_{H_i} \tag{5.15}$$

并指出 $S(E(H_i))$ 的值越大，方案 H_i 越满足决策者的要求。Hong 和 Choi[170] 分析了式(5.15)的不足后，追加精确函数 $t_{H_i} + f_{H_i}$ 以表示 Vague 值 $E(H_i)$ 所反映出的隶属情况的精度。

李凡[161] 用实例证明了式(5.15)的弊端后，给出的方法是定义两个记分函数 S_1 和 S_2 来表示方案 H_i 适合和不适合决策者要求的程度。

或

$$\left.\begin{aligned} S_1 = t_{H_i}, S_2 = 1 - f_{H_i} \\ S_1 = t_{H_i} - f_{H_i}, S_2 = 1 - f_{H_i} \end{aligned}\right\} \tag{5.16}$$

其决策规则为：先根据 S_1 的值进行选择，该值越大，则方案 H_i 对于决策者的要求的适合程度越大；当 S_1 的值相同时，再根据函数 S_2 的值进行选择，该值越大，则方案 H_i 越适合决策者的要求。

刘华文[162] 对评价值 $E(H_i)$ 所反映出的弃权部分进行分析，考虑到弃权人群中可能有一部分人倾向于投赞成票，有一部分人倾向于投反对票，其余的人倾向于弃权。对于弃权部分 π_{H_i} 按投票结果可细化成三部分：

$$t_{H_i}\pi_{H_i}, f_{H_i}\pi_{H_i}, (1 - t_{H_i} - f_{H_i})\pi_{H_i}$$

分别表示弃权中倾向于投赞成票、反对票和弃权票的比例。于是，可定义如下记分函数：

$$L(E(H_i)) = t_{H_i} + t_{H_i}(1 - t_{H_i} - f_{H_i}) \tag{5.17}$$

$L(E(H_i))$ 的值越大，方案 H_i 越满足决策者的要求。即当

$$L(E(H_i)) = \max(L(E(H_i)))$$

时，方案 H_i 为最优方案。

(2)加权记分函数法。

对属性 $C_j, C_k, \cdots, C_p$ 按其重要性进行赋权,设权重分别为 $\omega_j, \omega_k, \cdots, \omega_p$,其中 $\omega_j, \omega_k, \cdots, \omega_p \in [0,1]$ 且 $\omega_j + \omega_k + \cdots + \omega_p = 1$。Chen 和 Tan[165]给出的加权记分函数为:

$$
\begin{aligned}
W_C(H_i) = \max(& S([t_{ij}, 1-f_{ij}]) \cdot \omega_j + S([t_{ik}, 1-f_{ik}]) \cdot \omega_k + \cdots \\
& + S([t_{ip}, 1-f_{ip}]) \cdot \omega_p, S([t_{is}, 1-f_{is}]))
\end{aligned}
\tag{5.18}
$$

表示决策方案 H_i 满足决策者要求的合适度,与 $W_C(H_i)(i=1,2,\cdots,m)$ 中的最大者相对应的方案 H_i 为最优方案。则与式(5.18)对应的加权记分函数为

$$
\begin{aligned}
W_L(H_i) = \max(& L([t_{ij}, 1-f_{ij}]) \cdot \omega_j + L([t_{ik}, 1-f_{ik}]) \cdot \omega_k + \cdots \\
& + L([t_{ip}, 1-f_{ip}]) \cdot \omega_p, L([t_{is}, 1-f_{is}]))
\end{aligned}
\tag{5.19}
$$

则 $W_L(H_i)(i=1,2,\cdots,m)$ 中最大者所对应的方案 H_i 为最优方案。

4. **基于 Vague 模糊多目标决策的事例优选算法**

基于对上述理论和方法的分析,下面我们给出基于 Vague 集模糊多目标决策的洪水调度事例优选算法的具体步骤:

步骤 1:构造 m 个决策方案,n 个目标的决策矩阵。

步骤 2:确定目标对于满意、中立和不满意的单目标等级划分。

步骤 3:按照(5.10)~(5.14)式构造单目标的真隶属度函数和假隶属度函数。

步骤 4:根据真隶属度函数和假隶属度函数,确定 m 个决策方案 n 个目标的单目标 Vague 值。

步骤 5:根据上节给出的多目标决策方法,对所有方案进行排序和优选。

步骤 6:选择最优方案。

5.3.3 事例的多目标决策优选

基于 Vague 集的模糊多目标决策方法用于决策方案优选的有效性

和实用性在文献[163]中已经进行了说明。下面以汉江流域某水库调度为例来说明基于 Vague 集模糊多目标决策方法用于水库洪水调度事例优选的计算流程。该水库为不完全年调节，总库容为 32 亿 m^3，某水库库容为 16.77 亿 m^3，最大调洪库容 9.8 亿 m^3；水库死水位 300m，正常蓄水位 330m，防洪限制水位 325m，校核洪水位 337.33m。

水库泄洪设施有 5 台机组、5 个表孔、5 个中空、4 个底孔。表孔高程 313m，最大泄洪流量 18980m^3/s；中孔底部高程 305m，最大泄洪流量 12287m^3/s；底孔高程 300m，最大泄洪流量 4835m^3/s。合计最大泄洪流量为 37474m^3/s。

以该水库发生的一场洪水为实例，通过对该场洪水的分析，其特征可描述为：

C000000＝{丰水年，汛期，瘦峰型，8，11.2，16450，16.7，10－20，96－120，326.21}

根据该场洪水的特征，首先通过 SQL 进行初步检索，然后采用 GATS 和 KNN 相结合的事例检索策略进行事例的匹配，得到 5 个与当前洪水特征相匹配的水库洪水调度事例以及各个特征属性之间的相似度，见表 5－4。

表 5－4　水库洪水调度事例特征属性的相似度

事例编号	水文年	汛期	洪形	降雨历时	累计降雨量	洪峰流量	3D洪量	洪水频率	洪水历时	初始水位	事例相似度
C050619	1.000	1.000	1.000	0.8333	0.9872	0.9877	0.8929	1.0000	1.0000	0.9155	0.93
C050522	1.000	1.000	1.000	1.0000	0.7564	0.9877	0.9643	1.0000	0.5000	0.9976	0.90
C050511	0.000	1.000	1.000	0.6667	0.9231	0.8431	0.8571	1.0000	0.5000	0.2265	0.87
C050603	1.000	1.000	0.000	0.8333	0.5256	0.4730	0.8036	0.4107	1.0000	0.7735	0.84
C050427	1.000	1.000	0.000	0.3333	0.0769	0.5270	0.1429	0.5751	1.0000	0.8246	0.81

计算出匹配到的调度事例的各特征属性之间的相似度后，水库洪水调度事例的优选问题就转换为多目标决策问题。根据基于 Vague 集

的模糊多目标决策方法，表 5-4 中的 5 个洪水调度事例的优劣排序结果为：C050619＞C050522＞C050511＞C050603＞C050427，则候选事例 C050619 所对应的调度模型和调度方案为当前洪水的最佳调度模型和调度方案。

5.4　基于知识图和事例推理的水库洪水调度应用实例

基于事例推理的决策方案的基本形成过程可以通过本系统的基于 CBR 的水库洪水调度如图 5-4 所示流程表示。当然在涉及不同应急领域知识的应急决策过程会在一些细节上有差异。

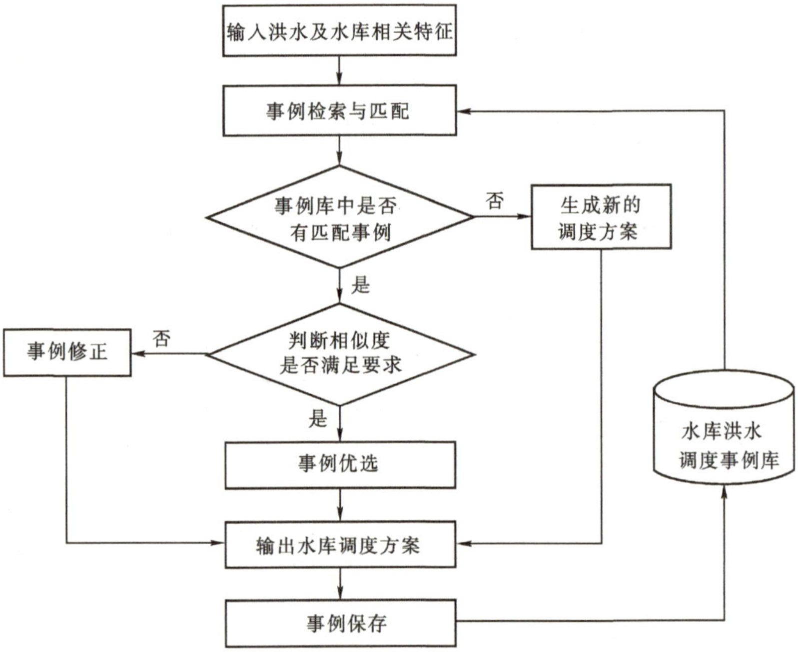

图 5-4　基于事例推理的洪水调度流程图

根据水库的具体情况，可以采用多模型动态调度策略来进行水库洪水调度，通过分析各个模型的优缺点和合理的使用范围，在不同洪水或不同目标驱动下，采用合适的模型进行调度，建立水库洪水调度的模型库。本系统建立的模型库由三个调度模型组成，即发电量最大模型、下泄流量最大值最小模型和调洪库容最小模型。

以该水库发生的一场洪水为例，利用基于事例推理的水库调度决策支持系统推求适用的调度模型和调度方案。首先根据新问题的特征，通过 SQL 进行初步检索，然后利用 GATS 和 KNN 相结合的混合事例检索策略进行事例的匹配，得到一组与当前洪水相似的事例，如图 5－5所示。根据得到的事例匹配度（相似度），结合当前调度问题的实际情况，选用合适的事例的调度模型和调度方案对当前洪水进行调度或为调度提供参考。

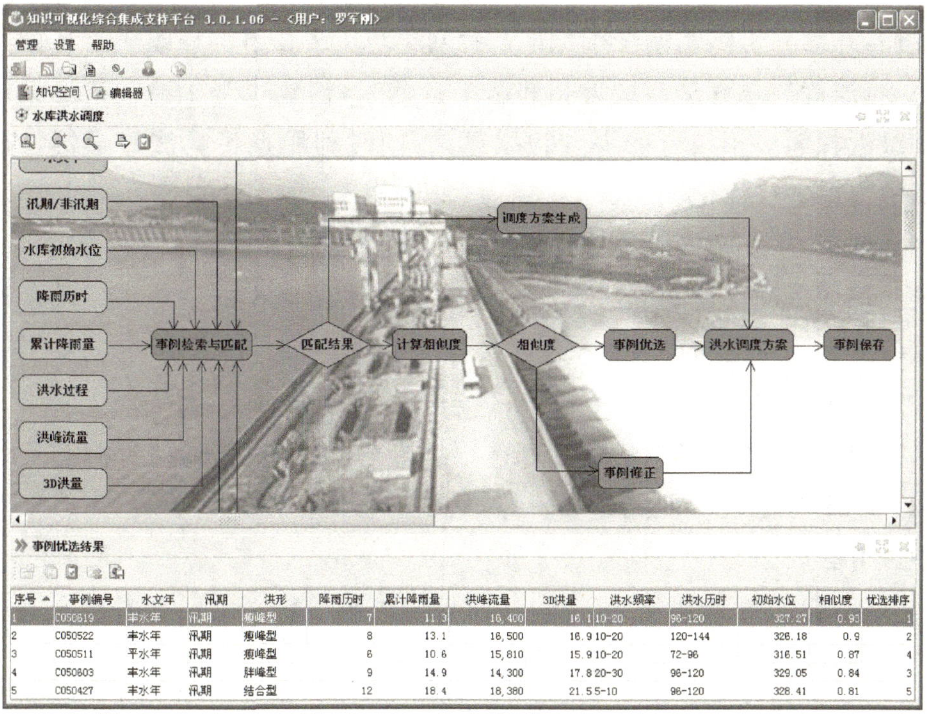

图 5－5　事例优选结果界面

图 5－5 给出了当前水库洪水调度问题和从事例库中检索出来的 5 个事例之间的相似度。由图 5－5 列表中“相似度”一列可以看出，当前调度问题与事例 C050619 最相似（超过系统给定的阈值 0.90），因此可选择该事例的调度模型和调度方案对当前洪水进行调度。如果相似度

没有大于给定阈值的,可以对相似度较大的事例进行修正来确定当前洪水调度的对应方案。

5.5　本章小结

本章运用人工智能领域中的 CBR 技术解决洪水调度问题,研究了基于 CBR 的水库洪水调度方法。针对基于 CBR 的水库洪水调度中所需要解决的关键问题进行了深入的分析和研究,提出了相应的解决思路和方法。采用关系型数据库实现事例的表示和组织、事例的索引与存储,并建立了洪水调度事例库。针对 KNN 法在事例检索中存在的不足,将遗传禁忌算法与最近相邻法结合起来,构建了基于遗传禁忌算法和最近相邻法相结合的混合检索算法,同时利用遗传算法对事例特征属性权重进行优化。

基于 CBR 的洪水调度指挥模式为应急决策提供了一种进行应急决策知识积累和快速响应的思路。该水库洪水调度模式是对水库洪水调度研究和应用的有益探索,为更大范围的应急管理指挥调度提供了一种新的思路和方法。

(1)每一场灾难中的事例都是很宝贵的知识资源,这些资源需要累积。CBR 能够充分利用这些资源,从成功事例中借鉴经验,从失败事例中吸取教训。

(2)CBR 在解决结构不良、实时性要求高等特点的问题时具有明显的优势,并且可以实现知识的重用。

(3)初始的事例库中事例数量有限,需要在系统的运行过程中通过不断的学习,系统的知识和经验才能不断增加和丰富,并适当地删除无效的旧事例。

(4)知识管理是系统解决问题时的一个重要方面。通过知识库的管理,可以复用已有的成果,使决策等复杂问题的解决更具有科学性、系统性和实用性。

第6章　应急决策知识的共享与信息综合集成

知识共享就是成员之间交流彼此所拥有的知识。知识共享是必要的和可能的，由于不同的知识之间存在互补性以及知识自身的抽象性、外部性和高分散性等特性，使得知识可以低成本共享，而且共享程度越高，带来的利益越多。知识的非消耗性也决定了知识一旦被共享而公开后，增加更多的使用者基本上没有边际成本，知识能为很多人同时使用并创造价值。知识共享对于提高组织的创新能力和组织绩效所起的重要作用已经得到广泛承认，并被认为是知识管理的一个重要支柱。

在应急管理中，由于人们对于危机的认识的局限性、决策的紧迫性以及涉及危机的相关知识的高分散性使得知识共享尤为重要。有关知识共享规律的正确认识将对指导应急决策过程中的知识共享以提高决策的有效性具有重要的意义。

6.1　知识共享依据分析

知识共享就是成员之间交流彼此所拥有的知识，使知识由个人层面扩大到组织层面，从知识拥有者到知识接收者的过程。所以知识共享的内容主要包括知识外化（隐性知识社会化）和知识内化（显性知识内在化），知识共享的实质就是在特定环境下人们之间的知识流动，即知识传递。

知识共享之所以是必要的和可能的，这是由于不同的知识之间存在互补性。知识互补的经济学含义可以用公式表示为：{知识 A}+{知识 B}<{知识 A+知识 B}（其中{知识 X}表示运用知识的收益）。知识

的互补性体现在两个方面:其一,知识在时间方向上的互补性,即对同一个知识主体而言,尚未获得的知识与已经获得的知识之间存在着强烈的互补性。其二,知识在空间方向上的互补性,即不同的知识主体之间所拥有的知识存在着强烈的互补性。

知识的互补性是知识边际收益递增现象存在的根本原因,即生产力要素(资本和劳动)当中包含的知识含量具有与其他要素所包含的知识含量的互补性,这种导致了知识经济学的"收益递增"。

6.1.1 有关知识共享的生物学依据

通过对知识共享的研究发现,知识共享存在着社会学和生物学依据。Michael Lachmann、Eva Jablonka 等学者 1999 年在《关于信息共享与集体的进化》一文中,研究了生物群体的形成[164]。他们认为,"在生命的进化过程中,集体的有效性,首先来自于群体规模的扩大、角色的分工,而另一个重要的因素就是成员之间的信息共享"。每一个生物个体都需要不断地监测环境变化的信息,从而获得自身对环境的适应性,当个体在集体中使用由其他个体监测得到的信息,信息就在集体中被分享。个体间的信息的共享能保证个体既得更多的关于他们环境的信息,又可以为它支付更少的时间成本;当集体中的个体数目增加时,个体得到的信息增多,对环境的适应性也相应增加。这个模型证实了这样一个观点:在集体中的信息共享使每一个体比它在孤立状态中拥有更多信息,因而信息共享更有优势。

信息共享存在"成本—收益"。成本为"个体为达到某一定程度的适应性所必须付出的"时间表示,收益是每个个体所达到的平均适应性。当个体用极低的成本就可以获得充足的信息(过剩资源)以实现对环境的适应性时,个体更加可能采取非共享的"自私"策略。而当环境相当恶劣,个体必须花费相当大的精力来获取信息(稀缺资源)的时候,其适应性大大地下降,如果继续采取孤立的策略,将会被环境所淘汰。所以正确的策略是采取共享,而且共享越充分,平均个体所获得的环境适应性越高。

这项研究描述了生物群体组织向更高水平进化的影响因素。当环境剧烈变化时，生物群体的生存状态不断发生变化时，它们不得不采取越来越充分的共享策略，这使生物群体得以巩固和扩大。而随着生物群体的进化，对环境的被动适应有可能转变为主动适应环境的力量，以获得更高水平的环境适应性。

6.1.2 有关知识共享的人类学依据

Jim Moore(1984 年)[165]对 Trivers 等学者提出的“资源共享是大公无私”、“利他主义”的观点进行了否定，认为共享和无私帮助是本质上不同的行为范畴，不应该被混淆，并指出“极端的自私，或者试图绝对的利他都无法实现充分共享”。他总结了人类的共享行为，认为包括三种主要形式：简单的非互惠给予(Simple Nonreciprocal Giving)(一般发生在亲属之间)、买卖交换(Barter or Sale)和最主要的形式互惠交换(Reciprocal Exchange)。他指出，人类的共享行为是进化而来的，互惠共享可以从大猩猩群体的稀缺资源共享中找到依据。他提出，共享是需要成本的。他针对大猩猩群体中的“资源共享是资源占有的平衡妥协方案”构筑了模型。该研究模型包括：第一，大猩猩群体中的比较开放支配竞争使雄性大猩猩被高度地激发来争取这种支配地位，地位是大猩猩社会生活的一个重要组成部分。第二，稀缺资源(如食物)的需求者向占有者发出信号，以换取资源，而占有者通过获得需求者的顺从赢得支配地位。第三，当资源的需求者需求多时，双方的交换关系破裂，引发战争，而战争的破坏性对任何一方都没有利益。

这个模型认为，人类组织结构的稳定发展与稀缺资源的共享相关：“当乞求向着自己而来，它隐含着地位的承认和加强。”如图 6－1 所示，在稳定的组织结构中，受让方的成本和出让方的利益可能继续增加，在达到阈值之前，出让方应该在时间 t 之前“基于对其他成员的反映预期，决定是否选择共享”。所以，可以认为“在人类进化历史上，资源共享是被社会强加的”。共享是避免组织结构不稳定和赢得个人社会地位的一种手段，人类的进化选择决定了“积极的共享和互惠互利”。

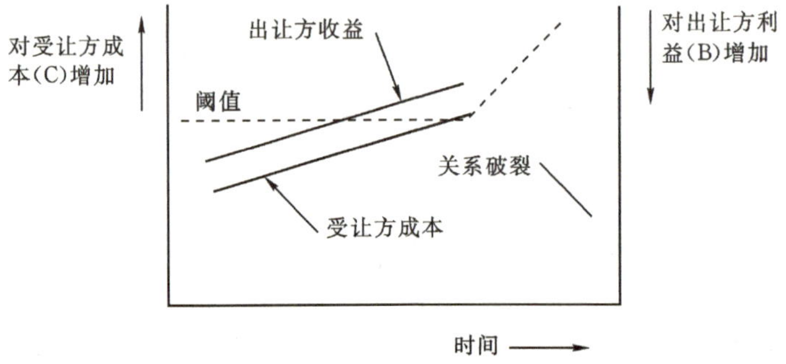

图 6-1 关于共享的积极选择模型

从 Moore 等人提出的共享的积极选择模型中可以容易地看出：知识共享行为也存在着简单的非互惠给予、买卖交换和互惠交换三种形式。买卖交换多是以“知识产权贸易”的形式进行的，但在组织中的知识共享一般不是货币交换；Moore 等人认为，在组织内部的知识共享行为主要是以“互惠交换”的形式进行的。

关于互惠交换的“通货”，Davenport & Prusak 在 *Working Knowledge* 一书中总结认为有三种形式：互惠、声望和利他主义。同时他们又认为“一个有效的知识共享体系，并不能完全依赖于个人的良好愿望和利他的动机”，因此利他主义不是决定性的[166]。对于组织来说，信任在知识共享中具有极其重要的作用，对于“互惠”和“声望”的渴望也是知识共享交易的“通货”。

知识共享凝聚了组织成员，并成为知识型组织的粘合剂。美国生产力与质量中心(APQC)总裁 Carlao Dell 博士认为，组织中“有威望的人起决定性作用，因为他们是知识贡献的主要行为者。员工共享知识，就为自己建立了类似于品牌的特征，有利于提高他的形象和威望”[167]。因此组织内部通过知识共享建立了“信任和互惠互利”形成的“专业威望和团队成员的忠诚”保证了对每一个成员的信任[168]。Chun Wei Cho

认为智能组织对环境信息进行监测并将其整合在组织战略计划中的“组织学习过程”,“随着环境的不确定性增加,当环境变得更加易变,监测则更加需要,人使用多种渠道进行监测,其中非正式、个人的渠道仍然是一种重要依靠”。用户“在整个监测的过程中积极地参与成为合作者,贡献经过他们自己评估过的信息,共享并传播这些信息,从可用信息中建立鲜明的知识和思想”[169]。

由此可见人类的信息共享模型与生物群体的信息共享有着相似之处。由于危机事件发生频率的增加和程度的加剧也要求参与应急管理的组织与个人必须更加重视合作。“越善于合作则竞争力越强。”[170]这个描述在环境多变的情况下组织要强调合作的句子对于应急管理中形势瞬息万变、机会转瞬即逝更加适用。在应急管理中由于危机事件的突发性和快速变化使得对于危机事件的监测、知识/信息的共享格外重要。在恶劣而艰难的环境下要求涉及的组织和成员采取共享的策略,有助于通过知识共享这种更高层次的合作形式提高应急决策的有效性。

6.2　知识共享的过程

6.2.1　知识共享基本过程

知识共享是知识供给者通过一定的传递渠道,将知识传递给知识接受者且被接受者吸收的过程。该过程进一步可以分解为三个子过程,即提供过程、传递过程和吸收过程,如图 6-2 所示。

知识供给者,发送知识表达(显性知识或隐性知识,涉及知识表示(Knowledge Representation,KR)[177]。该过程的触发条件是供给者共享知识的欲望,影响该过程完成质量的主观因素是供给者的动机。为了把要共享的知识准确地发送出去并被接收者准确地接收,需要根据接收者的情况把所要传递的知识信息转变成可以发送的形式,即编码,然后借助于一定的通道发出,至此,知识的提供过程已经完成。

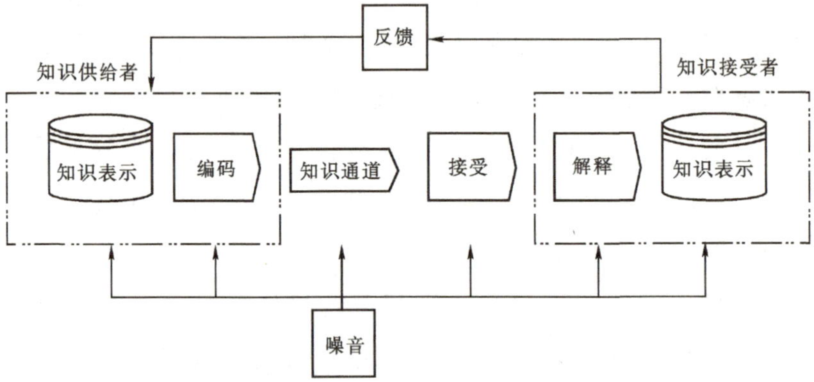

图 6－2　知识共享过程

知识通道负责知识信息以不同的形式进行传输，并应尽可能保证被发送的信息完整地传输到接收端。

知识接受者，对收到的知识信息经过理解或解释形成接受者自己的主观知识表达（涉及知识表示），同时，会以不同的方式向供给者反馈收到的知识信息及自己的反应，影响该过程完成质量的主观因素是接受者的动机。由于知识供给者和接受者属于同一个组织，组织内部可以制定一些利于知识共享的政策，使得相对于组织间的知识共享而言，对于组织内部知识共享更容易实现。

6.2.2　知识共享过程中的基本要素

知识共享过程包括的要素有编码与解释、通道、反馈、噪声等，其中编码由供给者完成，而接收、解释则是接受者的任务。

（1）编码与解释。

编码是发送者将其想法编成语言符号或其他形式的符号。解释则恰恰与之相反，是接受者在接收知识信息后，理解其意义，形成自身的主观知识表达。

成功的知识共享，应该是供给者的知识表达经过编码与解释两个过程后，接收者形成的主观表达的内涵与供给者的知识表达的内涵一致，也就是说，编码与解释完全“对称”。“对称”的前提条件是双方具有类似的知识结构，如果双方对知识信息符号及知识信息内容缺乏共同认知，则容易缺乏共同语言，从而使编码、解释过程不可避免地出现误差。因此，供给者在编码过程中必须充分考虑到接受者的经验背景，注重内容、符号对接受方的可读性和易理解性；接受者的解释过程中也必须在供给者的经验背景条件下，这样才能更准确地把握供给者期望表达的真正知识意图，而不至于误解其本意。

(2)通道。

通道是由供给者用于传递知识信息的媒介物，如通知、电话、电报、E-mail、移动通讯等。不同的知识形态要求使用不同的通道。如显性知识可以通过 E-mail 等媒介完成，隐性知识可以通过电话、网络电视等媒介完成。由于各种渠道都各有利弊，因此，正确选用恰当的通道对成功知识共享十分重要。在各种方式的信息传递通道中，影响力最大的，仍然是面对面的方式。面对面交流时，除了语言本身的信息外，还有供给者整体心理状态的信息。这些信息使得供给者和接受者可以产生情绪上的相互感染。

(3)反馈。

反馈是指接受者接收信息后发送信息返回给供给者的过程，这将是知识是否被理解而进行的一种核实。反馈是知识共享过程体系中的一个重要方面。在没有得到反馈之前，供给者无法确认知识信息是否已经得到有效传递和解释。提供反馈有利于增强知识共享的有效性。

(4)噪声。

噪声是妨碍知识共享的任何因素，它存在于信息知识共享过程的各个环节，并有可能造成知识信息失真。比如可产生歧义性的语言、难以辨认的字迹、不同的知识背景等都是噪声。

6.2.3　知识共享过程的背景

知识共享是在一定背景下进行的。在共享过程中关系背景至关重要。这些背景主要包括：

(1)供给者背景。

供给者背景包括供给者的学习文化、可靠性以及共享知识的战略意图和动机[178]。由于供给者的可靠性难以证实，这就使得人们更倾向于从可靠的供给者那里获得所需要的知识，所以专家和值得信赖的供给者比其他方和个人更能够影响接受者的行为。此外，供给者的意图对知识共享的有效性有较强的影响力。

(2)接受者背景。

接受者背景包括接受者的动机[179]、吸收及学习能力[180]、意图[181,182]、知识经验[183]、工作经验、保持能力和学习文化[184]。

(3)关系背景。

关系背景包括在当事人之间的五种关键关系因素：组织间距离、在供给者与接受者之间的物理位置距离、知识能力距离、相互关系距离、文化距离。

研究表明，包含在高级关系诸如特权[185]、联合[186]、战略联盟[187]，以及网络的当事方的成员之间比其外部者更能有效地共享知识[189]。网络能加强联系的密度[188]，由此创造更多共享知识的机会，发展信任。

知识能力距离是指供给者和接受者的知识基础之间的差距。当供给者和接受者之间的知识差距不大时，知识共享得到加强[190]；知识差距较大时，接受者的吸收效果就不好[191]。

相互关系距离是指供给者和接受者在一起工作的经历的质量和持续时间。在供给者和接受者之间的社会相似性和战略相似性能够影响知识共享成功[192]。

文化距离是指当事方之间的文化背景之差。

(4)知识背景。

知识本身所具有的特点，如隐性、难以观察性、系统嵌套性、背景依赖性等往往会加大知识共享的难度。复杂知识的共享相对来说更加困难，可以把知识共享的困难分为两类：一类是知识传递方面的困难，包括供给者表达复杂知识的困难和接收方接收、理解复杂知识的困难;另一类是复杂知识整合方面的困难。

(5)环境背景与障碍。

在组织文化中不好的习惯和陈旧的观念也在被传播,被共享,这很难更正和消除。这些不利方面被称之为组织中的噪音或环境障碍。

由于组织内成员间的知识具有互补性,知识共享总是有利于知识的丰富和增加。但是,由于存在知识共享行为的种种障碍,尤其是出于共享自身独特的知识资源后对知识独占性而产生的收益将会因共享而丧失的顾虑,人们便产生了共享行为的障碍。然而应急决策对于知识共享的需求是十分强烈的,必须主动采取各种手段,增强应急决策中知识共享。

在前面第 3 章研究的基础上,在此本书提出综合集成框架实现知识(包括数据、信息)的共享。

6.3　知识共享与信息的综合集成框架的提出

在紧急情况发生时,事故的应急救援需要多个相关部门的参与,任何部门、任何个人都不可能具备决策所需的综合性知识、信息和经验进行共享。因此,需要综合集成多方面的专家在其相关领域进行决策,将决策结果进行汇总并根据现场应急情况进行优化,实现群体决策结果的合理和有效[93,94]。

6.3.1　综合集成理论

综合集成理论起源于国内在管理方面具有重要创新意义的主题——系统工程。1978 年,钱学森等发表了“组织管理的技术——系统工程”,并首先在航天领域倡导系统工程的组织管理,在实践中取得成功。这一思想推广到社会,提出了社会系统工程和军事系统工程的概念和总体设计的构思。20 世纪 80 年代初,钱学森院士在北京领导了系统学、思维科学等讨论班，进行了大量细致的研究工作，于 1990 年在系统工程的实践基础上，进一步提高、概括出开发的复杂巨系统及处理开放复杂巨系统的方法论，即从定性到定量的综合集成法。这一方法是基于“整体论和还原论的辩证统一”的系统论。1992 年钱学森院士又把一系列成功经验和科学技术成果加以汇总和升华，形成了“从定性到定量的综合集成研讨厅体系（Hall for Workshop of Metasynthetic Engineering）”。

综合集成方法的实质是将人引入到解决复杂问题的系统中来，把人与计算机体系有机结合，构成一个高度智能化的人—机结合的整体体系。该方法的成功应用之处，关键在于发挥人的思维、思维的成果、经验、知识、智慧的定性优势，再结合以计算机系统，将各种情报、资料和信息集成起来，从多方面对复杂问题进行从定性到定量认识。

综合集成方法的实质是把专家体系、数据和信息体系以及计算机体系有机结合起来，构成一个高度智能化的人—机结合，以人为主的人—机结合的体系。它的成功应用就在于发挥这个体系的综合优势、整体优势和智能优势。它能把人的思维、思维的成果、人的经验、知识、智慧以及各种情报、资料和信息统统集成起来，从多方面的定性认识上升到定量认识。综合集成的问题求解过程如图 6-3 所示。

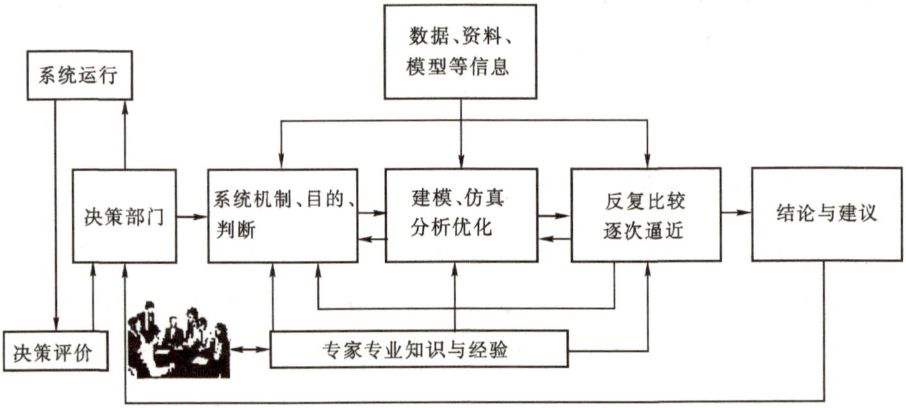

图 6-3　综合集成过程

6.3.2 综合集成平台总体架构的提出

从总体框架中综合集成层的综合平台的功能等方面出发，设计了基于 Gnutella 协议与划分技术的 P2P 网络交互为通讯和传输支撑，以本体、工作流和知识图为数据集成、信息组合和知识管理的实现技术手段。信息集成层面在平台中集成了数据库和多种资源库，并在支持综合集成功能方面利用知识图支持专家研讨，用户层面通过多种信息和知识的表达方式提供给用户的个性化界面定制服务。根据需求分析以及知识图在支持综合集成和信息集成的应用特征，分别对平台进行了总体架构设计、功能模块设计、软硬件设计和安全设计。

在总体架构设计阶段，平台共构建了支撑层、资源层、综合集成层和用户层四个层次，其中包括数据资源库、研讨资源库、知识图集成等关键部分的设计，如图 6－4 所示。

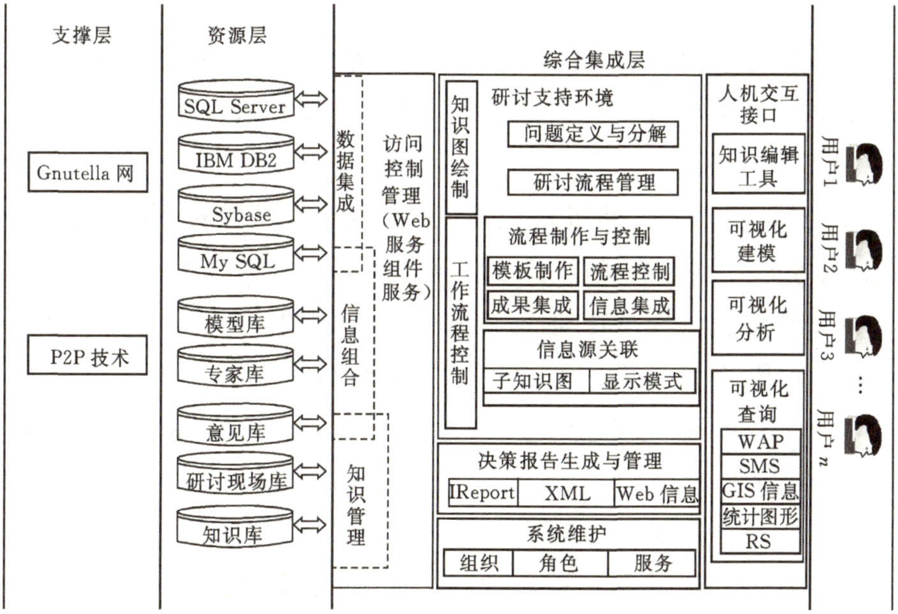

图 6－4 综合集成平台的系统架构

基于知识图的支持综合集成的信息集成平台系统框架结构，所有的服务功能几乎都架构于服务构件之上，因而将以构件、综合采用数据库管理、数据整合、访问控制管理、知识图、P2P 交互与共享、Web 服务组合等技术完成。

（1）支撑层。

综合集成平台主要采用 P2P 技术和 Gnutella 网开源包作为支撑。P2P 是 Peer-to-Peer 的缩写，通常称作对等互联或对等链接，该技术的应用使得网上用户可以直接链接到其他用户的计算机，进行文件共享与交换，脱离了传统的基于 C/S 或 B/S 的访问模式。利用 P2P 技术和 Gnutella 网作为技术支撑，可以有效地对互联网资源进行搜索和共享，同时对于创建的个人知识图和协作知识图可以实现共享，方便高效地促进知识的描述、传递、共享和创新。

（2）资源层。

①数据资源库：为系统提供模型库、专家库、意见库、知识库等基础数据资源和数据信息内容。

②数据源管理与访问机制：实现对各种数据资源的管理和控制，对外形成统一的调用接口和访问结构，并实现对数据有效性、完整性、一致性的维护。

③访问控制管理：通过角色访问控制模型，提供对系统整体资源、信息、服务的一体化控制，以保证访问过程的安全。

④研讨流程制作与管理：有效地组织系统中可访问的资源，构成访问、研讨流程，提供对这一系列流程的控制管理操作。

⑤知识图绘制：实现包括关联、信息源、显示模式、角色控制等知识图的制作工具。

⑥模板制作：建立在知识图绘制和流程制作之上的抽象化模型，提供一般常规的知识图和流程规则与方案，为快速建立与业务有关的知识图和研讨流程提供基础模型。

⑦成果集成：对整个信息服务应用成果和决策支持服务信息进行集成。

⑧信息集成:对数据和信息进行有效的再组织和利用,同时完成数据和信息源在应用服务层的整合,为特定的信息服务请求进行服务。

⑨构件服务与框架服务:依靠框架、构件支持服务平台,集成实现构件服务和框架服务。

资源层主要包括用于存储相关数据、信息、知识的数据库、信息库和知识库。在知识管理中,随着管理的深入,平台系统一方面对于个人和组织需要应用的数据、信息、知识可以方便地存储下来,另一方面可以方便地创作知识图并储存和共享,共享知识图也成为系统资源类型之一。此外,对于隐性知识外化成为显性知识,可以及时地保存到数据库、信息库、知识库和共享知识图中,它们存储的大量信息可以在个体或群体对知识图进行创作时提供资源支持。

(3)综合集成层。

综合集成层主要包括知识图绘制、构件服务、框架服务和知识图搜索引擎。在进行知识图编辑时,可以建立共享目录,实现上传下载功能,在编辑器中方便地创建概念、链接线、联系和超级链接。当概念、联系的上下文环境相对简单时,可以利用对概念和联系的属性进行简单描述。如果需要利用文件(文档、图形、多媒体等类型)进行描述时,可以通过建立超级链接来完成。此外,在编辑器中建立超级链接也可以实现知识图的层次关系。基于 P2P 技术的智能搜索引擎可以自由搜索互联网上的相关信息,可以在互联网络环境中方便实现隐性知识的合理挖掘和筛选。将共享文件和信息放于共享目录下,从而实现全球共享。在共享文件的同时,实现与互联网的上传下载功能。

基于知识图的综合集成研讨主要包括研讨流程的制作、流程管理、流程控制和访问机制管理,支持综合集成模版制作、成果集成和信息集成,基于 Web 服务、构件和框架技术为用户提供构件和框架服务。

(4)用户层。

用户层主要通过人机交互接口使用平台系统,快速搭建水信息系统,用户可以通过 Internet 或者 Intranet 方式访问和使用平台。

6.4 知识共享与应急决策综合集成研讨厅的框架的提出

综合集成研讨厅的基本构想是“以人为主、人机结合”，使参加研讨的成员在讨论问题时能够互相启发、互相激活，并充分利用信息技术充分进行知识共享，把大量的各种信息与知识（包括隐性知识）及智慧集成起来，进行群体决策，从而得到更为科学的决策。

定性知识、领域知识、结构化知识的形式化表示是综合集成平台设计和实现的核心内容。知识处理与管理的优劣是直接关系到专家之间相互交流探讨解决问题的关键。

在应急决策知识管理系统中可以利用研讨厅技术解决决策知识的共享以及进行群体决策。本书提出如图 6－5 所示的应急管理系统综合集成研讨厅的总体框架。

6.4.1 知识处理与管理

知识处理与管理为系统提供基础的数据、信息和知识资源，其中包括了模型库、专家库、意见库、方法库、研讨现场库、知识库等数据信息内容。在设计中，各个数据资源库之间信息相互独立，并为应用访问提供相应的快照、视图、触发器及存储过程。

(1)模型库。

模型库中存储知识图模板、研讨流程模板等。知识图模板中汇集当前信息服务的常见的信息服务模板；研讨流程模板则是将长期积累的、有效的、稳定的流程信息进行归并，并采用先进的数据表示与集成技术来实现数据资源的标准化、规范化、统一化，使得数据信息具有一定的扩展性和可移植性。

(2)专家库。

专家库主要记录专家的数据分析成果、决策方案以及其他与决策

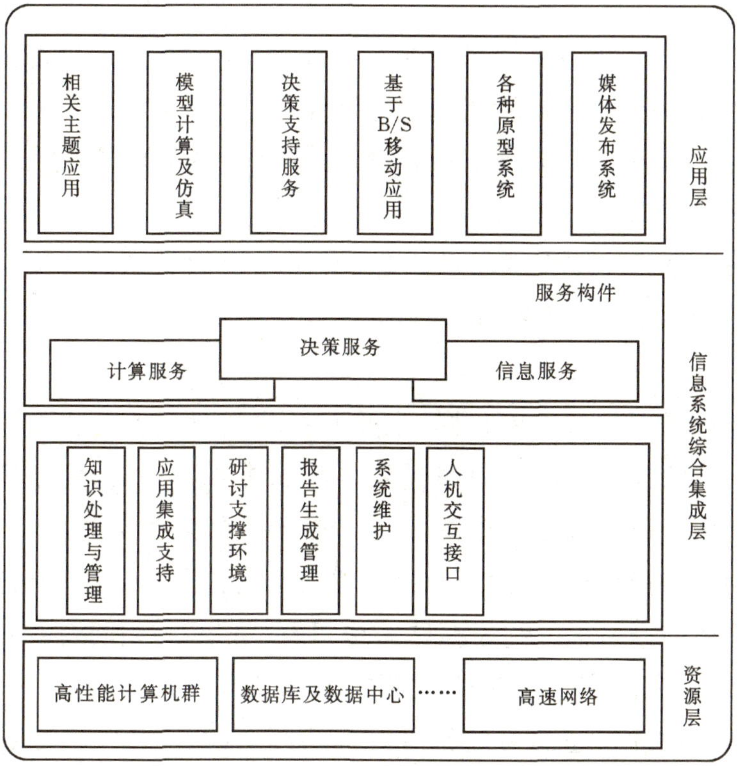

图 6-5　应急管理系统综合集成研讨厅的总体框架

相关的专业数据资源内容。在专家库中，为了保证信息资源的完整存储，建立了以多个 OLE、BLOB 和 CLOB 字段组合形成的专用字段，然后将专业数据资源按照不同的数据访问格式进行分类，并按其特性及数据资源格式存储到对应的专用字段中。另外根据专家库的需求，还需要在其中保存与专家有关的特征信息，为各个专家建立唯一的数字标识，使得系统可以快速地调取与专业资源相关特征信息。

(3)意见库。

意见库是专家库的辅助库，综合表达了与专家库中有关专家的意见信息，确保了针对特定专业意见信息内容被完整保存，以便以后的审阅、评判等操作。在意见库中，一个主要的设计是建立意见库和专家库的一致性和对应性，原则上每条意见记录必须存在对应的专家信息，并且一条专家信息可以对应多条意见信息；另一个主要的设计是保证意见信息的含义，为此在意见库外独立使用系统程序，使用外部插件的方式控制意见库中意见信息含义的有效性，避免将无效的意见信息驻留在系统意见库中，同时避免了数据冗余，提高了系统的容错性。

(4)方法库。

方法库也是专家库的辅助库，为专家在研讨时提供解决问题的方法信息描述和方法解决过程的描述。

(5)研讨现场库。

研讨现场库与意见库相同，也是专家库的辅助库。研讨现场库的主要设计目的是将系统的研讨过程与现场进行存储，以便在知识共享时进行还原。研讨现场库中重点是保存研讨的过程信息，因此在设计过程中，首先将研讨的过程信息进行系列化，然后在研讨现场库建立以时间为主要检索目标的链表存储结构，最后将研讨过程按照专家、知识方法、意见三大内容进行分类，并按照系列结构存储到研讨现场库中。另外在研讨现场库还需要确保研讨现场结果的临时存储，以便在以后的还原过程中可以随时地提取临时的现场结果。

(6)知识库。

知识库是在模型库、专家库、意见库、方法库、研讨现场库五大库之上建立的共享资源库。在该库中数据信息均以可即时查看、利用的知识信息表达；通过对模板、专家、方法、意见、研讨现场等知识的汇总和凝结建立一个集各类信息成果为一体的知识信息；并且在知识共享库中还需要提供可快速地访问调用数据接口、完整性验证接口，保证在知识共享库中的知识具有连贯性、完整性。

6.4.2 研讨厅支撑环境分析

研讨厅的主要目的是形成群体研讨，在决策过程中鼓励用户参与决策，建立和完善用户参与的反馈机制，这将有利于提高用户的决策意识以及提供友好的决策环境。基于群体研讨的支撑环境具有两方面的优势：一方面，有利于专家（包括公众专家）、决策者群体围绕某一主题发表不同的观点，并为专家的观点提供实时、准确、全面、可靠的信息支持；另一方面，通过知识图表达的概念体系模型比通过自然语言表达的模型具有更强的语义一致性，便于知识的积累、分类、复用、集成和创新。

综合集成平台支撑环境需要具有以下功能：问题的定义与分解；研讨流程的制作与管理；数据信息与模型关联。

1. 问题的定义与分解

问题的定义与分解是形成问题的定性初步目标，如问题的定义、概括、提炼形成特定问题的主题。通过将主题的分解，形成多个子问题主题，供专家、决策者进行研讨。按知识图在决策过程中的作用分为公共视图（Common View）、个性化视图（Customer View）、信息关联视图（Information View）、历史视图（Retrospect View）；按照层次结构分为主题视图（Main View）和子视图（Sub View）。

（1）问题定性描述。知识图是一种实现问题定义及分解和知识图形式化表示的绘制工具，采用知识图的目的就是对问题定性描述进行形式化表示，形成具有语义一致的知识图形式化表示。在知识图中几乎涵盖了数据知识之间的所有关系模型，其主要的关系模型有包含、扩展、依赖、泛化、成果。

①包含表示知识图之间的所属关系，使用包含关系可以准确地完成知识图中主图与子图之间关系的建立，也就是主视图与子视图之间关系的建立。

②扩展表示知识图的来源，通过扩展关系的实现，知识图将建立继承列表，形成知识图的逻辑顺序及层次结构，为知识图的推理提供依据。

③依赖关系表示在知识图中某个形象化表达之间的所属、接口、调用等机制。例如在洪水预报知识图中预报概念将必须依赖于历史水情数据这个概念和天气状况概念。

④泛化关系表示一类知识图所属的类别以及具有的统一的特征信息，为方便知识图模板化而提出了一种关联概念。

⑤成果关系表示知识图与知识图之间的结果转化关系。在知识图绘制环境中，分别采用不同的关联线条表示了包含、扩展、依赖、泛化、成果等关系模型。

通过上述五种知识图所表示的概念之间的关系进行问题的定性描述，建立概念之间的定性关系形式化描述。

(2)知识图可以按作用进行以下分类：公共视图(Common View)、个性化视图(Customer View)、信息关联视图(Information View)、历史视图(Retrospect View)。

①通过公共视图对当前问题的全部研讨进行整体分析。研讨过程中随着专家、决策者对解决问题的思考知识不断增加，用知识图工具可视化表示的知识范围和深度在不断扩展和深入，视图随之发生相应变化；可视化的研讨演化过程可了解研讨者及群体的研讨演变状况；公共视图可帮助局外人对关注的热点、孤立点等一目了然，快速获得全局概貌。

②通过个性化视图激发知识创造，在知识图上展示复杂关联。

③通过信息关联视图提供已有数据、信息及知识，便于专家及决策者在线讨论。通过 Internet 快速查找与研讨相关资料，方便研讨者获取相关感兴趣的外部信息和知识，采用挖掘等手段，可为用户提供更积极的支持。

④历史视图是对研讨历史的再回顾，帮助用户分析不同阶段或小群体的研讨及与全局的关系，以了解研讨中对研讨议题不同角度的理解，方便分析研讨案例。

通过历史视图，在问题分析过程中可以对研讨结果进行聚类分析和成员参与效果的评价。通过积累和再分析，可获取某一位专家的知识结构和多位专家在处理同类问题的相似性分析，为今后研讨选择合适的研讨人员提供参考。

(3)知识图可以按层次结构进行以下分类：主题视图(Main View)和子视图(Sub View)。根据专家、决策者思维方式是定性到定量的思维过程，采用逐层构建大型知识图的设计思路，解决随着问题不断深入，知识图将不可避免地发生膨胀等问题。

采用层次分类，能够减轻系统的负担，提高知识图的利用率，也方便了对大型知识图的管理。为此，在知识图中将图中的概念扩展为可包含其他知识图的元素，在概念中提供连接子知识图的表述方式。当发生知识概念调用时，知识图将依靠子知识图之间的连接，形成一种以知识终端节点的网状结构，完整地表达大型知识图的知识内容，并确切地表示子知识图之间的逻辑关系。

但是，研究过程中发现，层次分类也带来一个问题，即可能使本来之间存在相关关系的知识点之间的联系未被发现。笔者认为如果运用社会网络理论，将所有的知识（信息）均倒入一个类似“知识池”（“信息池”）的构造中，借助数据融合、数据挖掘理论，引入发现机制，发现知识之间的联系，即更利于知识的发现与创新。由于时间和能力所限该问题在本书中未展开研究。

2. 研讨流程的制作与管理

研讨流程的制作和管理是综合集成平台的关键实现部分，是系统中包含知识演化以及知识形成过程在内的过程型信息，它是成果产生各个环节的存储形式，分为研讨流程定义、研讨模板定义和制作、研讨流程的运行支持以及研讨流程监控与管理。

(1)研讨流程定义。

首要的任务是要明确数据要求，定义其数据结构，规范其数据格式。经过对研讨流程的分析，设计出网状结构的数据结构用来描述一个研讨流程信息，并将网状目录结构的各子节点与研讨流程内的相关信息进行关联，能够方便地输出这些信息。

(2)研讨模板定义。

研讨模板是知识图绘制和流程制作的模型，该模型提供常用的知识图和流程规则与方案，为快速建立与业务有关的知识图和研讨流程提供基础。在应用上，模板可以看作是部分系统知识积累的基础原型。

采用模板化思想，建立系统的运行体系结构，能够更大范围地利用已有的知识资源，建立有较强风格、式样的知识图，并能够形成流程规则规范。

(3)研讨模板的制作。

探讨模板制作的主要的任务是对一类具有相同模型和意义的知识图或流程的抽象与架构，建立一个抽象的模板框架，从而表达有关知识图和研讨流程中的主要信息元素，对各个信息元素建立 Web 服务结构，实现对信息元素的抽象封装。模板制做过程也是一个标准化过程，因而在设计时还需要建立面向知识图和研讨流程的标准规范性文件，尤其是在知识表达上形成统一模式，将信息服务的标准化过程与知识图的标准化描述相结合，构造其间的对应关系，为进一步的知识共享服务。

(4)研讨流程的运行支持。

在研讨流程中，包含了初始化、信息调用、增加节点、删除节点、移动节点等基本操作。

①初始化：是在研讨流程被初次加载时所执行的关键操作，将基本环境信息内容进行表达，而将所有非父节点全部隐藏。

②信息调用：当某关联事件被触发时，通过句柄调用处理函数，调用相关的信息。

③增加、删除、移动节点：使用研讨流程的一些基本控制操作，实现对研讨流程的修改。

④研讨流程的访问控制与交互：研讨流程的访问控制与交互设计将创建一个完成的便于研讨流程操作的环境，使在该环境中的研讨流程可以进行查看、查询、比较、控制等操作，从而使研讨流程处于受控状态。其间，可通过增加节点、删除节点、移动节点等方法来完成对研讨流程的优化。

⑤研讨流程的制作工具是研讨流程的绘制和制作场景。在研讨流程的制作工具环境中，主要是形象化地提供研讨流程的设计环境，这些环境包括调用研讨流程模板、建立研讨流程属性、建立研讨流程结构、

建立研讨流程的子流程、建立研讨流程的控制点等。

(5)研讨流程监控与管理。

研讨流程监控与管理要是对研讨流程的分类、细化、分解。

①在对研讨流程分类时，主要依靠研讨流程中的研讨对象、研讨方案、研讨地域等特征属性信息予以实现，以增强研讨流程数据的检索效率。

②细化研讨流程的目的是将研讨流程中的所有信息内容，按照研讨流程定义中可存储的方式进行细节化，抛弃研讨流程中无效的冗余数据，使得研讨流程结构更加紧凑、便于存储。

③研讨流程的分解操作主要是将大型的研讨流程按照研讨过程中的阶段性成果进行分解，将一个大型的研讨流程分解为两个或多个有机组合、相互关联的子研讨流程，由各个子研讨流程在一定的连接方式下形成总体的大型研讨流程。从而，对大型研讨流程的相应访问控制操作将被转化为单个的小型研讨流程的访问控制操作，进而提高了对研讨流程的控制力，并分化了系统的负荷。

3. 数据信息与模型关联

(1)数据信息源。

知识图信息源负责驱动与具体业务服务相关的数据资源，管理数据资源，并帮助研讨流程跟踪知识图信息源的调用过程。在知识图信息源中，应用程序必须通过管理器和数据库进行交换信息。知识图信息源管理器负责将应用程序的 SQL 语句及其他信息传递给驱动程序，而驱动程序则负责将运行结果送回应用程序。从应用角度看，知识图信息源就是数据库位置、数据库类型以及驱动程序等信息的集成。另外，知识图信息源还在内存中开辟了一个区域——数据资源缓冲区，把通过知识图信息源的操作实际上转化为和缓冲区里面的数据交互操作。这样当应用程序正常退出时，或需要别的应用程序也访问硬盘数据时，驱动程序发现硬盘上的数据不是最新的数据，就用缓冲区的数据来更新硬盘上的数据。

(2)信息表现形式(显示模式)。

在知识图中,显示模式分为列表、图像、报表、属性四种基本类别,并且这四种基本类别可以自由组合成新的显示模式。

①当知识图中被指定列表显示模式后,有效数据到达该概念时,信息内容将以数据列表的形式进行展现;

②在知识图中图像显示模式主要是针对系统中 GIS 地图、过程线、三维云图等数据信息而建立的展示环境,以实现 GIS 中的放大、缩小、平移等,云图的动态播放,过程线中的面积计算、对比分析等操作;

③报表显示模式在传统固定的报表显示模式上,建立动态的可定制的报表制作方案,集成报表的描述、制作等环节,构建一个可个性化定制的报表环境;

④属性显示模式则是知识图中的基本显示模式,也是默认显示模式,在该模式下,所有的数据信息将以数据点的形式显示在操作界面上,并提供了最大化、最小化、置顶、置底、移动等操作。

6.4.3 决策报告生成与管理

研讨决策最终的目标是通过研讨厅的专家研讨,针对目标问题,最终形成统一、合成的决策支持报告,提供给相应的决策者。因此,综合集成平台要建立决策报告的生成系统、表达系统(尤其是结果的可视化表达)、输出系统,以及文件共享系统。

6.5 本章小结

在对知识共享的依据、过程等分析的基础上,运用综合集成理论提出了水信息综合集成框架,通过数据集成、信息集成、知识基础及综合集成实现水信息的综合集成应用,并在此基础上,提出了基于研讨厅的知识共享与群体决策环境框架。

第7章　应急决策知识管理系统综合集成的实现

7.1　防汛决策信息综合集成的实现

防汛决策是造成水害最大、影响最广、涉及相关人员最多的决策过程。目前,防汛决策过程主要是通过会议的形式,以群体(包括会商决策人员、决策辅助人员以及其他有关人员)会商的方式,从所做出的各种可行的防汛方案中,根据确保防洪工程安全,充分发挥防洪工程效益,尽量减少洪灾损失和对环境生态的不利影响,协调各方,甚至按牺牲局部保护整体利益的原则进行决策,选择出满意的调度方案付诸实施,或者对各种预案做出科学的评估和决策。以综合集成和系统工程为理论依据,防汛决策综合集成的过程也可以被认为是防汛决策问题的求解过程,如图7-1所示。

7.2　防汛决策概念系统的实现

以防汛决策为例,概念系统结构如图7-2所示。

概念体系结构是以平台为核心的应用模式实现的开发方法。一般说来,概念系统结构获取的步骤为:①确定问题的主题和目的;②根据专家知识和经验确定问题求解相关的概念;③获得概念间相互关系的描述;④关联概念所涉及的模型、方法;⑤关联具体模型和方法所涉及的数据和信息。

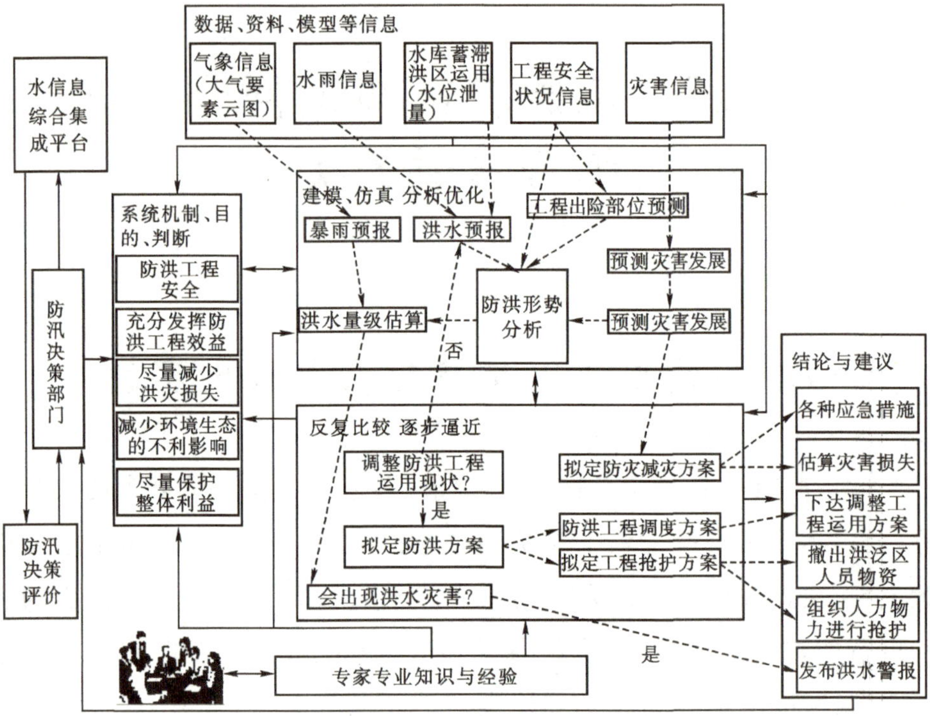

图 7－1　防汛决策综合集成过程

按照上述步骤建立的概念系统结构呈现为多层次网状的形式，概念体系结构的层次按照操龙兵等人的分析为三层结构。最上层是概念及概念关系的表达。根据 Ausubel 的认知结构组织特征理论和复杂问题求解分析，定性表达的概念和概念间的关系代表了专家在初步分析复杂问题时，对问题领域的分析，对概念元素和分析只能依靠专家来完成。中层是由定性到定量的转化。下层是定量表达的概念和关系。本书根据水利复杂问题的求解过程将扩展为四层，特定领域涉及数据和信息与模型的关联。

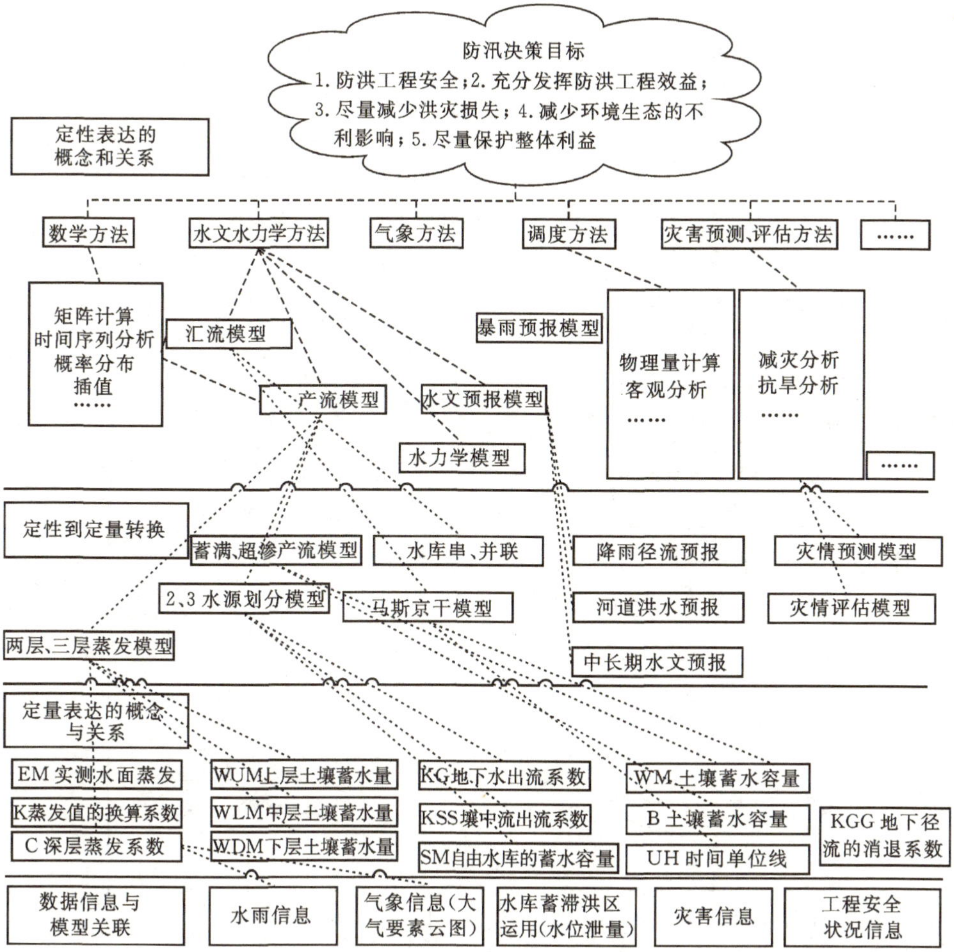

图7-2 防汛决策概念系统结构

7.3 基于知识图洪水调度应用的实现

系统以平台为核心的主题应用开发，包括主题的确定、知识图的绘制、Web服务构件和知识图关联以及应用部署运行情况，步骤如图7-3所示。

①确定主题，知识图的共享。提出该主题的概念系统结构，在知识

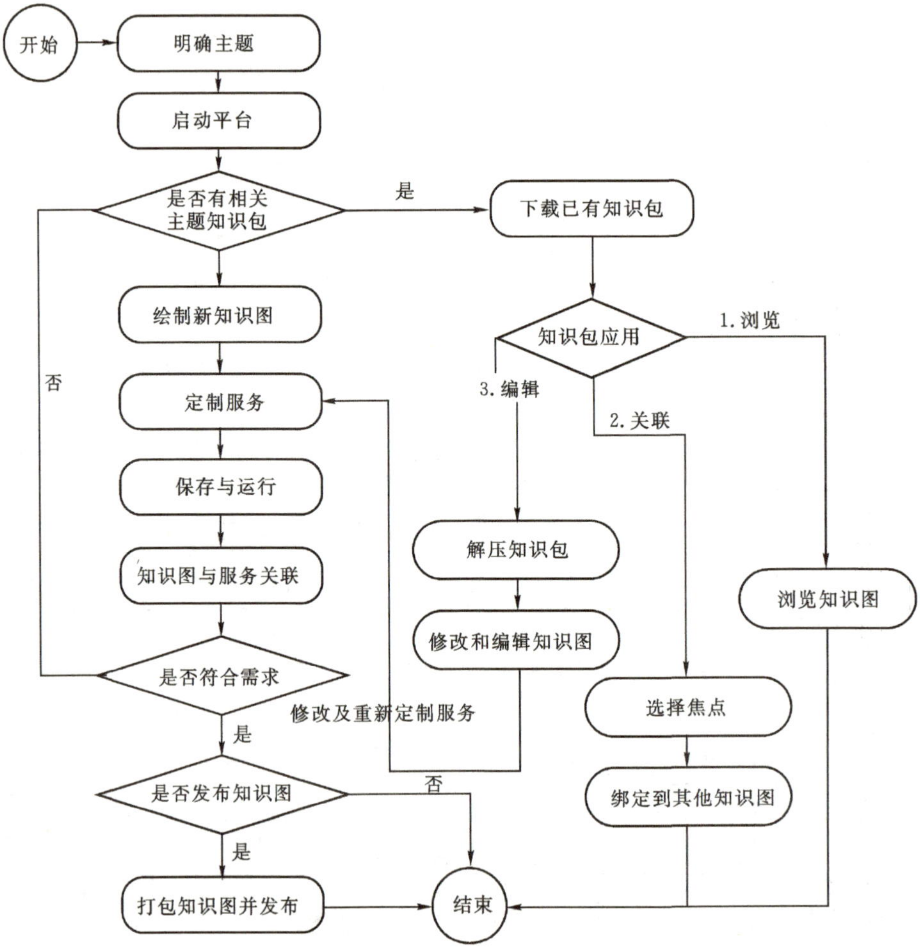

图 7－3　知识图绘制及知识包应用过程

空间中查找相关知识包，如果没有相关知识包，则新建知识包，如果有相关知识包，可以分为三种方式利用共享知识图。a. 浏览知识图，浏览其他用户或者以往该问题解决的知识图，只是知识参考；b. 关联知识图，该种模式由于共享知识图可以全部使用，则通过关联已有知识图，构建新的应用；c. 修改编辑知识图，该种方式适合知识图的内容部分满足主题应用，可在此基础之上通过增加、修改和删除来完成新的应用。

②绘制知识图。通过综合集成平台将概念系统结构以知识图的形

式进行表示。

③Web 服务构件定制和与知识图关联。将已有知识图的概念节点同 Web 服务关联，达到搭建应用的目的。

④应用的部署和运行。

这里以“降雨为主”的主题应用为例，来阐述以平台为核心的应用模式开发思想和具体的开发过程，主要步骤如下：

(1)降雨主题确定。

在防汛会商时，决策者希望尽快了解近期内降水情况，着重了解一段时间内雨量累计情况，根据累计雨量倒序排列，选择最大累计雨量区域和相关河道、相关水库、防汛保障措施相关联。也就是说，在雨量最大区域内，查看相关河道站水位流量情况，降雨是否对河道防汛产生灾害影响；查看水库情况，降雨是否对水库、水库下游河道产生灾害影响，如果有是否可以在水库调度过程中进行模拟仿真，改变水库运行方式，减少灾害损失；查看防汛保障设施，包括在出现灾害时，抢险队伍、物资储备、防汛人员指挥调度等情况。

这种以主题为主线的应用的信息组织方式和系统灵活搭建过程，和以往系统有本质区别，主要在于：①基于主题的方式，是以人的思考习惯，从定性的概念描述到定量的数据描述的，不同于一般系统；②系统功能灵活搭建；③系统比较容易扩展到相关领域；④在知识共享方面提供形式化共享方法——知识包。

(2)绘制知识图。

根据以上分析，以降雨为主的主题应用分为一个主知识图和四个子知识图分层绘制，有利于知识的共享和复用。在知识图绘制之前，根据图 7－3 所示，在知识库中查找与该主题相关子知识图，在该步骤完成后，绘制知识图，进一步细化概念与模型之间的关系，就是要根据每一种情况绘制较为详细的以及可与 Web 服务关联的知识图。

①“降雨为主”的主知识图。

降雨为主的主知识图如图 7－4 所示。

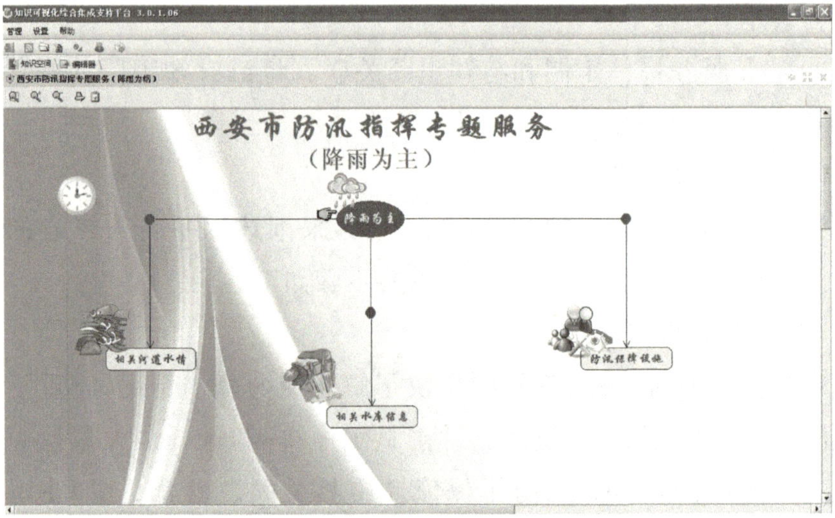

图 7－4　“降雨为主”的主知识图

②雨情主题子知识图。

雨情相关子知识图的系统功能包括以下五个方面，如图 7－5 所示。

a.气象云图。气象云图是一个不开放组件，没有输入条件。

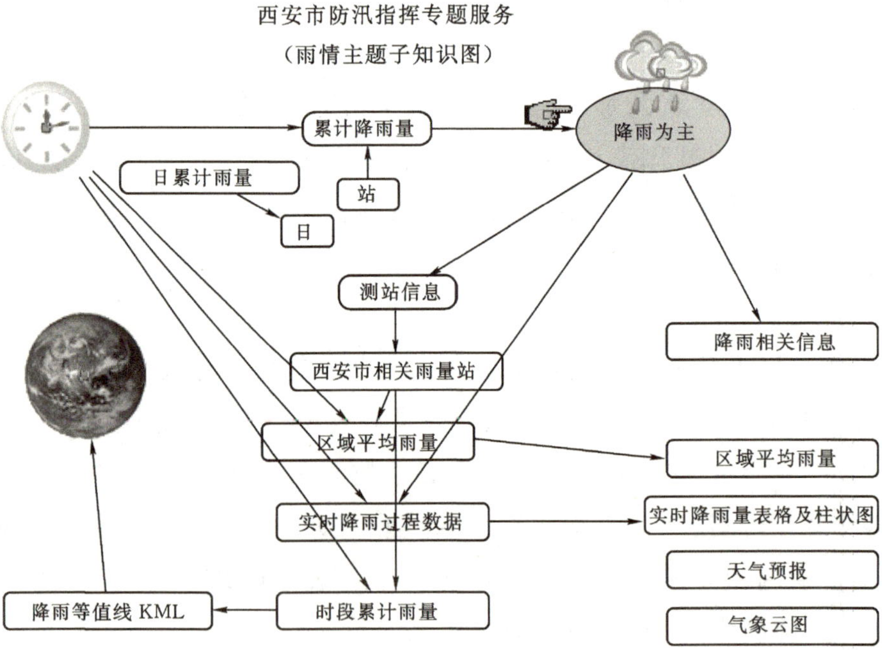

图 7－5　雨情主题子知识图

b. 天气预报。天气预报是一个不开放组件，没有输入条件。

c. 实时降雨量表格及柱状图。时段降雨量是开放构件，其输入是上一节点时段降雨过程数据，以及该节点表格和柱状图图形统计构件组合完成的功能。

d. 区域平均雨量。由面雨量计算与数据表格构件组合而成。

e. 雨量等值线与等值面。这是通过时段累计雨量生成降雨等值线 KML 和地理信息定制构件组合而成的系统功能。

③河道水情相关子知识图。

河道水情相关的系统功能包括以下十个方面，如图 7－6 所示。

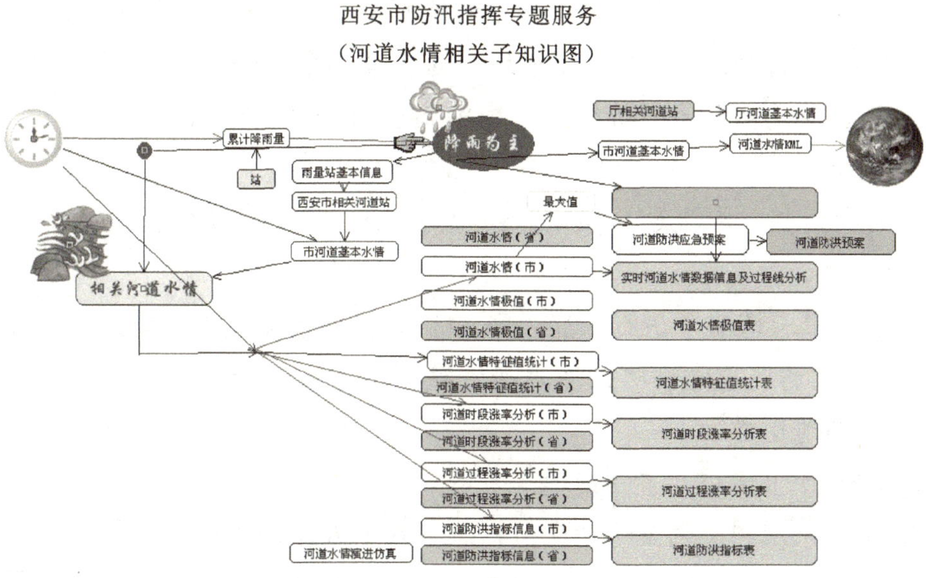

图 7－6　河道水情相关子知识图

a. 与雨量相关河道站基本水情。包括河道水情的特征值统计信息，如时段洪量、水位、超警水位、超保水位、流量、超警流量、超保流量、最高水位、最高超警水位、最高超保水位、最高流量、最高超警流量、最高超保流量。

该功能由雨量基本信息、雨量站与河道站关联构件、数据表格构件、特征值统计构件组合而成。

b. 河道水情与过程线。包括河道水情查询及水位流量过程线，以及洪量计算等。

该功能由实时河道水情、统计图形构件、表格构件组合而成。

c. 河道防洪预案。根据河道水情各控制站水位流量最大值与河道应急防洪预案控制站之比较，最终实施何种应急预案。

该功能由实时河道水情、河道防洪预案，以及比较过滤构件组合而成。

d. 河道水情极值。由河道极值和表格构件组合而成。

e. 特征值统计。由特征值统计和数据表格构件组合而成。

f. 河道时段涨率分析。由河道时段涨率分析和表格构件组合而成。

g. 河道过程涨率分析。由河道过程涨率分析和表格构件组合而成。

h. 河道防洪任务指标信息。由河道防洪任务指标信息和表格构件组合而成。

i. 河道基本水情 GIS 显示。由实时河道水情、河道水情 KML、GIS 显示构件组合而成。

j. 河道水情演进仿真。通过子知识图关联而来，也就是说，通过知识图连接，将已有知识成果加入到该主题应用中，体现更高级别和粒度的系统功能集成。

④水库水情相关子知识图。

水库水情相关的系统功能包括以下八个方面，如图 7 - 7 所示。

a. 与雨量相关和水库站基本水情。包括河道水情的特征值统计信息，如水位、库容、入库流量、出库流量、水势、汛限水位、正常水位、设计洪水位、校核洪水位、超汛限水位、超正常水位、超设计水位、超校核水位、最高库水位、最高入库流量出现时间、最高入库流量、最高出库流量出现时间、最高出库流量等。

该功能由雨量基本信息、雨量站与水库站关联构件、数据表格构件、水库特征值统计构件组合而成。

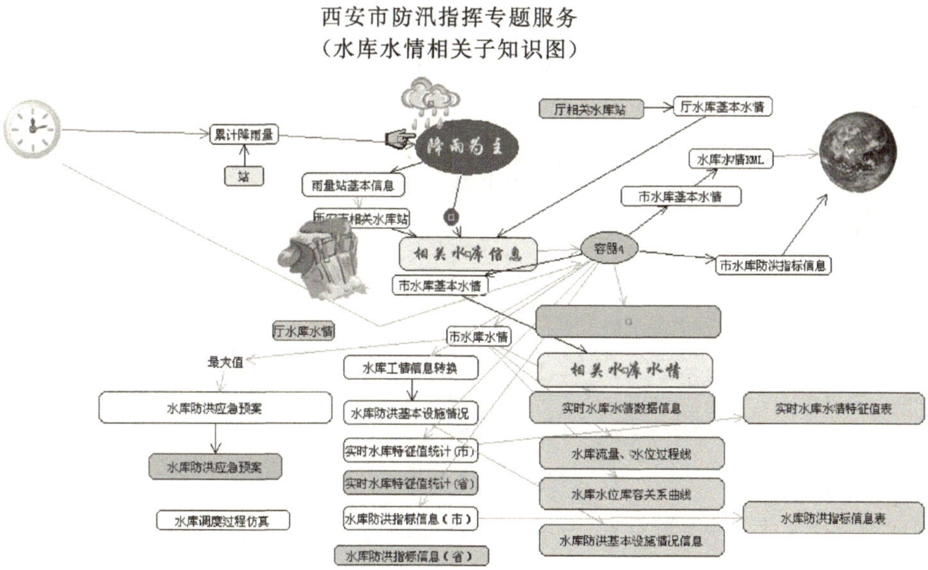

图 7-7　水库水情相关子知识图

b. 水库水情与过程线。

该功能由实时水库水情、统计图形构件、表格构件组合而成。

c. 水库防洪预案。根据水库水情入库流量最大值与水库应急防洪预案比较，最终实施何种应急预案。

该功能由水库水情、水库防洪预案，以及比较过滤构件组合而成。

d. 水库工情信息。通过相关雨量站位置，查找该区域内相关水库工情基本情况，包括堤防等。

e. 水库特征值统计。由水库特征值统计和数据表格构件组合而成。

f. 水库防洪任务指标信息。由河道防洪任务指标信息和表格构件组合而成。

g. 水库防洪任务指标 GIS 显示。由水库防洪任务指标、水库防洪任务指标 KML、GIS 显示构件组合而成。

h. 水库调度仿真。通过子知识图关联而来，与河道演进仿真一样。

⑤防汛管理及保障设施子知识图。

防汛管理及保障设施系统功能包括以下七个方面，如图 7-8 所示。

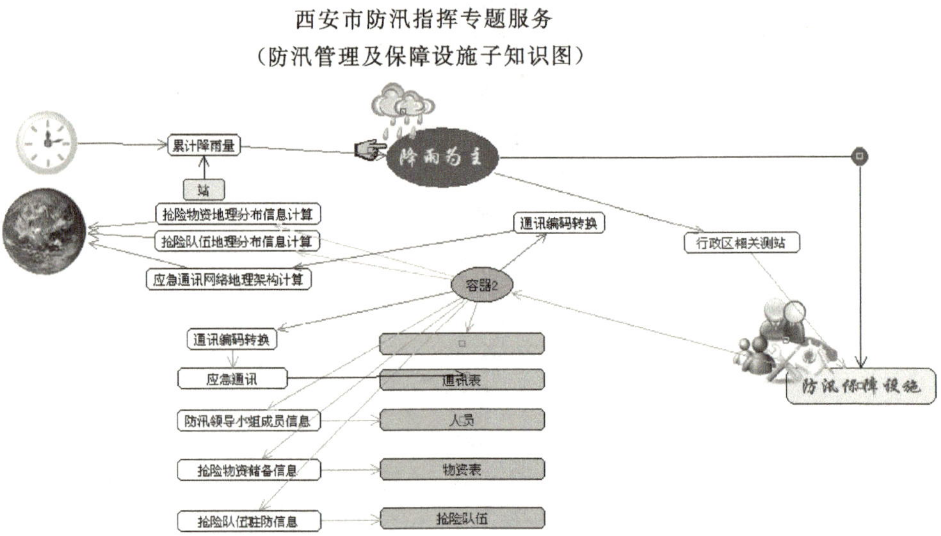

图 7－8　防汛管理及保障设施子知识图

a. 应急通讯管理。包括台站编码、台站名称、卫星电话号码、呼号、超短波频率、常用日用短波频率、常用夜用短波频率、备用日用短波频率、备用夜用短波频率、值班电话等内容。

该功能由应急通讯管理构件及数据表格构件组合而成。

b. 防汛领导成员信息管理。包括姓名、职务、单位、负责工作、电话、地址、邮箱等信息。

该功能由防汛人员信息及数据表格构件组合而成。

c. 抢险物资储备信息管理。包括物资名称、数量、单位名称、仓库名称、来源(实物仓库或虚拟仓库)、联系人、联系方式等。

该功能由物资储备构件及数据表格构件组合而成。

d. 抢险队伍管理。包括队伍名称、队伍数量、人数、负责人、固定电话、移动电话等。

该功能由抢险队伍构件及数据表格构件组合而成。

e. 应急通讯 GIS 查询。通过雨量相关站所在区县，与通讯编码进行编码转换，得到与雨量最大站附近台站的应急通讯情况，并在 GIS 中进行显示。

该功能由测站基本信息、测站与通讯网络编码转换、应急通讯网络GIS生成KML和GIS二维显示构件组合而成。

f. 抢险物资储备GIS查询。通过雨量相关站所在区县，得到与雨量最大测站附近抢险物资储备情况，并在GIS中进行显示。

该功能由测站基本信息、抢险物资储备GIS生成KML和GIS二维显示构件组合而成。

g. 抢险队伍GIS查询。通过雨量相关站所在区县，得到与雨量最大测站附近抢险队伍情况，并在GIS中进行显示。

该功能由测站基本信息、抢险队伍GIS生成KML和GIS二维显示构件组合而成。

7.4 基于事例推理的洪水调度应用的实现

基于事例推理的决策方案的基本形成过程可以通过本系统的基于CBR的水库洪水调度流程如图7－9所示了解。当然在涉及不同应急领域知识的应急决策过程会在一些细节上有差异。

根据水库的具体情况，系统采用多模型动态调度策略来进行水库洪水调度，即通过分析各个模型的优缺点和合理的使用范围，在不同洪水或不同目标驱动下，采用合适的模型进行调度，建立水库洪水调度的模型库。模型库由三个调度模型组成，即发电量最大模型、下泄流量最大值最小模型和调洪库容最小模型。

以该水库发生的一场洪水为例，利用基于事例推理的水库调度决策支持系统推求适用的调度模型和调度方案。首先根据新问题的特征，通过SQL进行初步检索，然后利用GATS和KNN相结合的混合事例检索策略进行事例的匹配，得到一组与当前洪水相似的事例，如图7－10所示。根据得到的事例匹配度(相似度)，结合当前调度问题的实际情况，选用合适的事例的调度模型和调度方案对当前洪水进行调度或为调度提供参考。

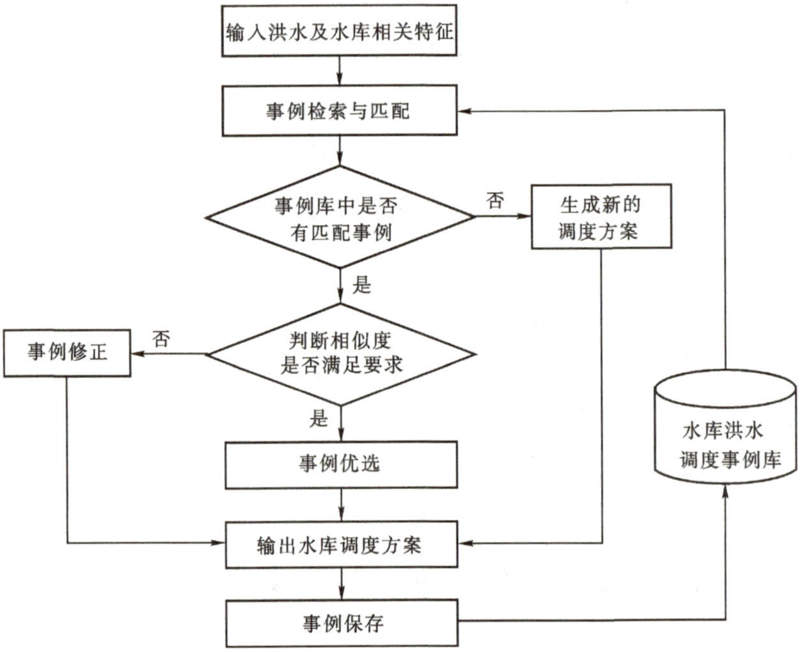

图 7－9　基于事例推理的洪水调度流程图

图 7－10 给出了当前水库洪水调度问题和从事例库中检索出来的 5 个事例之间的相似度。由图 7－10 列表中“相似度”一列可以看出，当前调度问题与事例 C050619 最相似(超过系统给定的阈值 0.90)，因此可选择该事例的调度模型和调度方案对当前洪水进行调度。如果相似度没有大于给定阈值的，可以对相似度较大的事例进行修正来确定当前洪水的调度方案。

基于 CBR 的调度指挥模式为应急管理提供了一种进行应急知识积累和快速响应的思路，基于 CBR 的水库洪水调度模式是对水库洪水调度研究和应用的有益探索，为更大范围的应急管理指挥调度提供了一种新的思路和方法。

(1)每一场灾难中的事例都是很宝贵的知识资源，这些资源需要累积。CBR 能够充分利用这些资源，从成功事例中借鉴经验，从失败事例中吸取教训。

(2)CBR 在解决结构不良、实时性要求高等方面具有明显的优势，

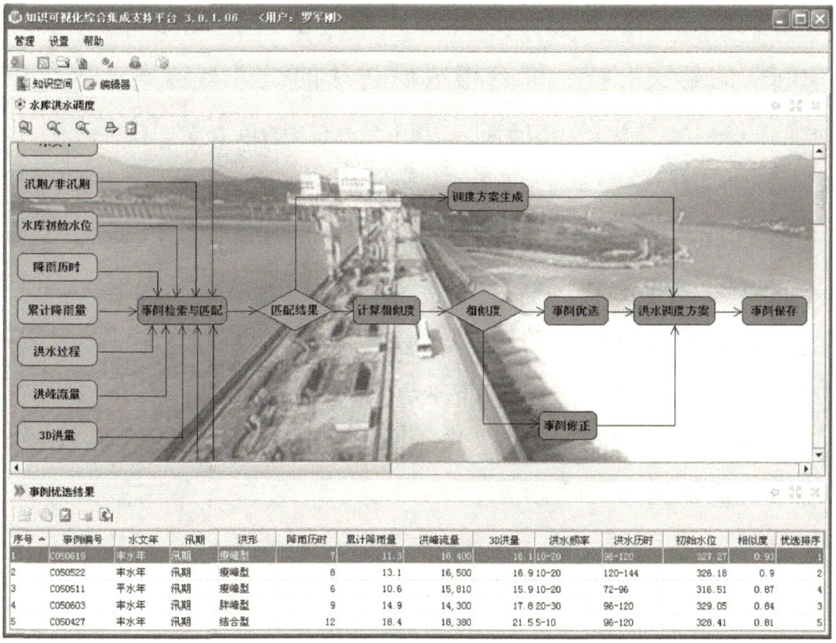

图 7 - 10　事例优选结果界面

并且可以实现知识的重用。

(3)初始的事例库中事例数量有限，需要在系统的运行过程中通过不断的学习，系统的知识和经验才能不断增加和丰富，并适当地删除无效旧事例。

(4)知识管理是系统在解决水信息系统的一个重要方面。通过知识库的管理，可以复用已有的成果，使决策等水利复杂问题的解决更具有科学性、系统性和实用性。

7.5　综合集成研讨厅的实现

综合集成研讨厅的基本构想是“以人为主、人机结合”，使参加研讨的决策成员在讨论问题时能够互相启发、互相激活，并充分利用信息技术充分进行知识共享，把大量的各种信息与知识(包括隐性知识)及智慧集成起来，从而得到更为科学的决策。

由信息系统集成复杂性分析和综合集成理论可知，信息系统集成的复杂问题的解决有待于综合集成研讨厅的设计与实现。综合集成研讨厅是钱学森等人在从定性到定量的综合集成方法论的基础上提出的，又结合成功的经验和科学技术成果加以汇总和升华，提出了“从定性到定量的综合集成研讨厅”。从定性到定量综合集成研讨厅是综合集成法从理论走向实践的应用形式，是综合集成方法实现的具体技术路线。综合集成研讨厅是解决信息系统集成与知识共享的解决途径。

应急管理综合集成研讨厅的系统框架，分为资源层、信息系统综合集成层、应用层三个部分。应急决策系统综合集成的内容设计、层次关系及总体框架如图 7－11 所示。

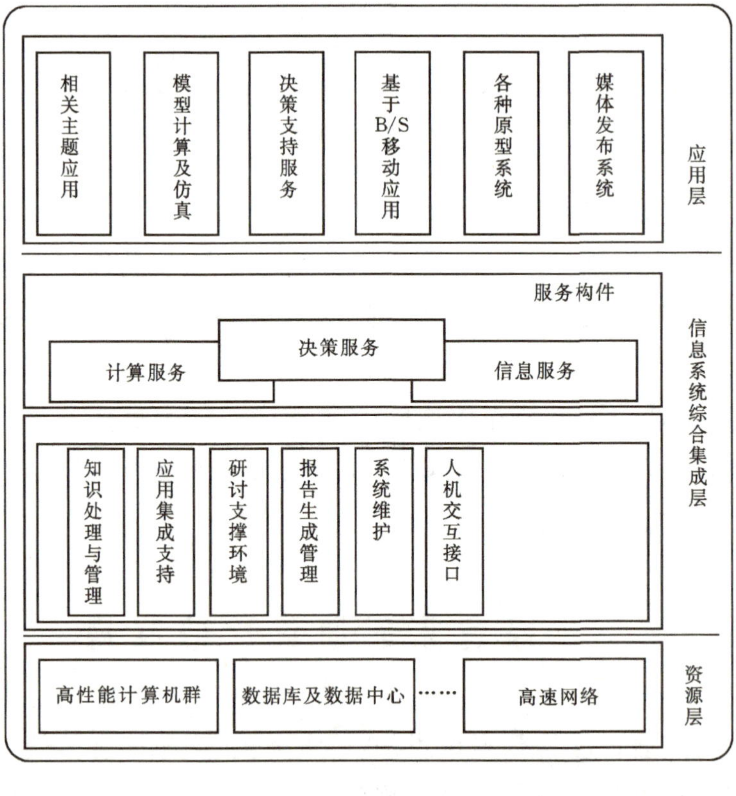

图 7－11　应急管理综合集成研讨厅的系统框架

7.6　决策过程中洪水淹没区域的确定过程

1. 最大淹没范围的确定

根据水库地区的地形特征，手工或自动计算控制站以上集水面积，如图 7－12 所示。同时根据水量截面确定淹没区水体的体积。由体积可反推出淹没区的水位高程。

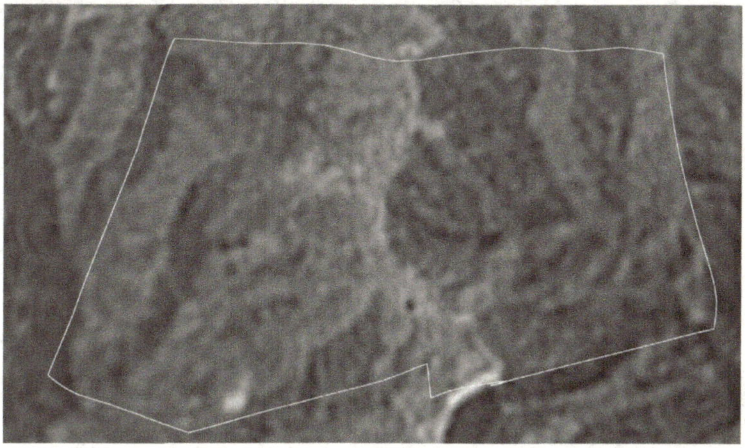

图 7－12　淹没范围确定

2. 淹没区等高线的生成

由淹没区的 DEM 数据利用 GIS 软件生产等高线并转换为 KML 文件，文件中包含了水库区域地形等高线上的每一点的经纬度坐标值，显示如图 7－13 所示。

3. 淹没区等高线的裁剪

由于等高线生成的区域较大，为计算淹没区水体体积，需确定淹没区范围内的等高线分布，因而需要对等高线以淹没区为边界进行裁剪。由于淹没边界及等高线围成的区域为任意多边形，裁剪算法一般选用 Weiler-Atherton 任意多边形裁剪算法。

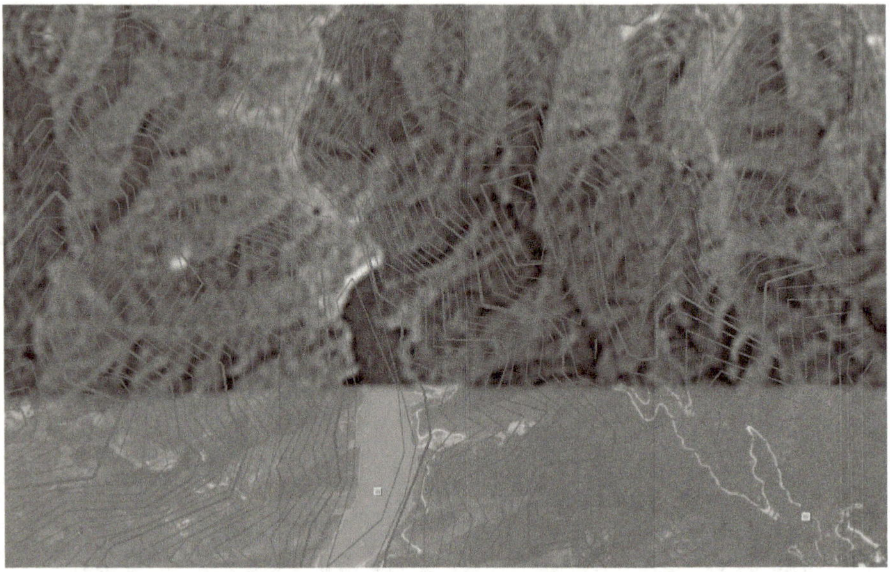

图 7 - 13　淹没区等高线分布

裁剪结果如图 7 - 14 所示。

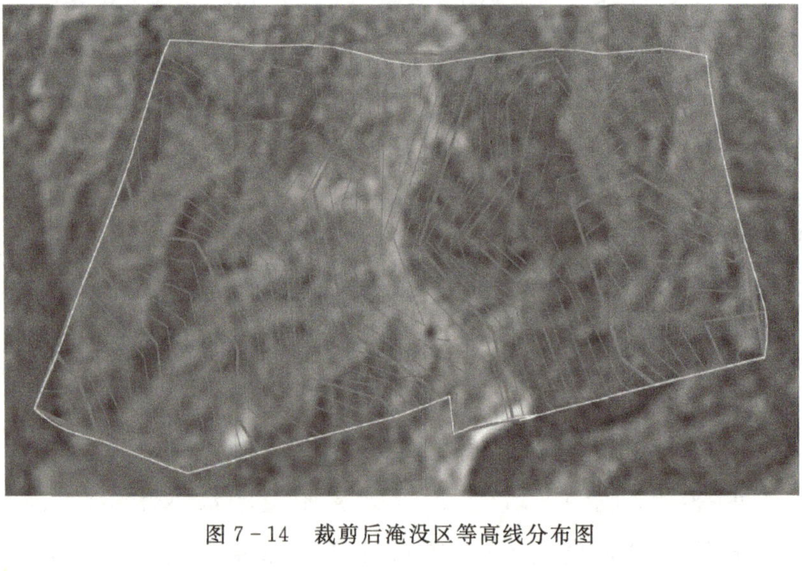

图 7 - 14　裁剪后淹没区等高线分布图

4. **洪水淹没结果界面**

洪水淹没界面结果，如图 7 - 15 所示。

图7-15　洪水淹没范围结果在RS展示

5. **疏散方案的确定**

确定了受灾区域之后应立即确定疏散方案并组织疏散，在确定疏散方案时还需用到防汛管理数据。若灾害已经发生，还需及时上报受灾情况，是以灾害报表形式上报的。

防汛灾害情况管理数据信息包括：

(1)基本表。行政区划代码与名称(fx_0001_dscdnm)，包括行政区划名称等数据。

(2)社会经济。社会经济一般信息(fx_0101_shjj_info)包括区域面积、乡镇数量、总人口、非农业人口、劳动力、耕地面积、粮食总产量等数据。

(3)物资储备。包括物资编码表(fx_0201_fhwz_b)和物资储备数量表(fx_0202_fhwz_cb_b)

(4)灾害报表。包括以下方面：

①死亡人员情况登记表(fx_0301_death_info)；

②死亡人口明细表(fx_0302_death_people_info)；

③洪涝灾害基本信息表(fx_0303_basic_info)；

④工业交通运输业洪涝灾害基本信息表(fx_0304_tracffic_info)；

⑤水利设施洪涝灾害基本信息表(fx_0306_tools_info)；

⑥信息输入控制基本信息表(fx_0401_xinxishurukongzhi)等。

7.7　本章小结

本章介绍了抗洪防汛应急指挥决策系统中的应急决策知识管理系统集成所实现的几个主要功能,该系统在防洪抗讯应急决策指挥系统中起到了良好的知识支持作用,使系统在提高系统决策水平方面取得了较好的效果。

第 8 章　结论与展望

应急决策问题是一个复杂的系统工程，涉及多方利益，而且决策时间紧迫，影响重大，问题复杂，过程非结构化，致使决策者压力加大，对决策水平产生负面影响。有效的知识管理对于帮助决策者掌握跟全面的信息、获取更多的决策知识、提升决策能力有着重要的理论价值和实践意义。

8.1　本书所做主要工作

本书在深入分析应急决策过程的基础上，提出了将知识管理用于应急领域，并在这一思想的指引下，开展了将知识管理理论应用于应急决策领域的研究。

本书在前人研究的基础上，研究综合已有的研究成果，运用系统工程的理论和思想，借助信息学、软件工程、决策学、决策支持系统、知识工程等理论和方法对应急决策的知识需求和领域知识结构与特点进行了细致全面的自顶向下的研究分析，并采用自底向上的方法对应急决策知识管理所涉及的知识表示、知识获取、知识共享以及知识的综合集成等知识管理问题进行了研究。

本书通过对应急事件危机信息的分析、应急决策过程中的知识需求的分析，提出了应急决策知识管理系统综合集成框架，并对其中关键技术进行了识别，分析并提出知识表示、知识获取、知识共享是应急决策知识集成系统的关键技术，并分别对知识表示、知识获取、知识共享展开了深入研究。提出了基于知识图的应急决策知识表示应用、基于CBR 的应急决策知识获取应用以及基于信息综合集成的知识共享应用，并在防洪抗灾应急决策指挥系统中予以实现。

8.2 主要研究结论与创新点

(1)有效的知识管理能够提高应急决策的有效性。由于应急决策的复杂性，研究应急决策知识管理问题应当运用系统工程的理论、思想，采用多学科交叉融合的方法，系统地研究应急决策知识管理问题。本书运用系统工程的理论思想，采用多学科交叉融合的方法，构建了应急决策知识管理系统集成框架。通过对应急决策过程、决策环境的分析，对应急决策过程中涉及的关键知识管理问题进行了分解识别和提炼。

(2)知识表示是知识管理的一个重要方面，应急决策知识的有效表示是应急决策过程中知识的有效供给与获取的前提。本书提出了基于知识图的应急决策知识的可视化应用模式，较好地解决了应急决策知识的表示问题，为有效的知识供给与获取以及知识共享奠定了良好的基础。本书所提出的基于知识图的知识表达，有效解决了防洪抗灾应急决策指挥系统中的知识表示、知识组织、知识关联问题。

(3)知识获取是知识管理的一个重点，尤其隐性知识的获取问题是知识管理的一个难题。隐性知识在应急决策知识中占较大比例，本书提出运用基于事例推理的知识获取的方法有效地解决了应急决策过程中隐性知识的获取及推理问题，使应急决策知识获取的效率大大提高。本书同时对事例的优选问题进行了研究，针对事例的优选不唯一的情况，提出了基于 Vague 集的模糊多目标决策方法实现事例的优选。

(4)有效的知识共享对提高应急决策的水平起着极大的促进作用。本书在对知识共享可能性和必要性问题进行了分析讨论之后，对其实施过程和障碍进行了深入分析，利用开放复杂巨系统的理论及方法，提出了应急决策综合集成研讨厅的框架，并运用信息系统技术，建立了应急管理系统综合集成研讨厅的总体框架，着重解决洪水信息系统综合集成问题，最终实现了防汛抗洪应急决策系统的群体决策功能。

8.3　本书研究的局限性

应急决策知识管理问题包含内容多，涉及领域广泛。本书的研究仅仅是对应急决策知识管理系统集成框架和关键技术进行的初步探索，虽然取得了一些成果，但总体看来，这些研究工作还都处于起步阶段，存在一定的局限性，还有更多深入、细致的问题有待于进一步研究。本书研究的局限性表现在：

(1)本研究虽然着眼于应急决策综合集成框架的研究，但在具体应用背景上是以前期研究基础相对良好的水利部门为背景的。本书提出的应急决策知识管理综合集成框架的适用性在其他领域的应用尚未得到有效验证。

(2)知识库是应急决策知识管理的基础，目前这方面的工作还十分薄弱，需逐步完善，使得知识库可以逐步扩展和完善，最终形成完善的应急决策知识体系。

(3)对隐形知识获取方面的研究有待进一步加强，虽然基于 CBR 的知识获取方式在一定的领域内可以较好地解决隐性知识获取问题，但在较为宽泛的领域内存在一定的局限性。同时，基于 CBR 的知识获取的实际应用中存在着有待进一步完善的问题，例如事例检索算法主要有最近相邻法(K-Nearest Neighbour，KNN)，在实际应用过程中存在着两个有待研究的问题，首先是事例特征权重的确定的客观性和准确性。其二是其检索时间随事例数目及属性数目呈非线增长。这样的问题严重影响着 KNN 法的检索质量与效率，尤其针对于大型的复杂事例库进行实时监测事例比对时检索效率和质量都将受到严重影响。这些问题在本书中尚未得到很好的解决。

8.4 有待进一步研究的方向

本书对应急决策中知识管理理论及其应用进行了较为深入的研究、探讨和初步实践，但限于应急决策问题的复杂性，本书取得的成果还只是初步的，一定领域范围内的，还有待于在今后的工作和实际中进一步的深入研究。为了进一步发展和完善应急决策的知识管理，在后续的研究中，还应用对以下问题作进一步的研究。

(1)完善事例库等应急决策知识库的建设。

知识库是应急决策知识管理的基础，这方面的工作还十分薄弱，需逐步完善，使得知识库可以逐步扩展和完善，最终形成完善的应急决策知识体系。

(2)完善主题服务标准库建设。

面向主题的业务应用是水利业务应用因需提升而发展起来的下一代水利业务应用，这种以主题为主线的信息组织方式和系统构建相比传统的方法具有很多优点，因此，需要进一步对各种水利业务应用主题进行抽取，形成标准的应用主题，从而完善主题服务标准库。面向主题的信息组织和业务应用方式将会是水利应用的主流方式。

(3)加强综合集成应用模式的标准化和规范化建设。

只有加强对综合集成应用模式的标准化和规范化建设，才能保证综合集成应用模式在水利行业的推广，使该应用模式真正成为水利信息应用及水利业务应用的一种规范的、标准的应用模式。综合集成应用模式将成为水信息及业务应用中的一个重要应用模式，也将成为应急决策信息集成的应用模式。

(4)一些具体方法有待进一步完善。

例如基于 CBR 的知识获取的实际应用中存在着有待进一步完善的问题。事例检索算法主要有最近相邻法(K-Nearest Neighbour，KNN)，在实际应用过程中存在着有待研究的问题，首先是事例特征权重的确定的客观性和准确性，其二是其检索时间随事例数目及属性数目呈非线增长。这样的问题严重影响着 KNN 法的检索质量与效率，尤其针对于大型的复杂事例库进行实时监测事例比对时检索效率和质量都将受到严重影响，这一问题有待进一步深入研究。

参考文献

[1] (澳)罗伯特·希斯.危机管理[M].王成,宋炳辉,金瑛,译.北京:中信出版社,2001:272-282.

[2] 汪应洛.系统工程理论、方法与应用[M].北京:高等教育出版社,1992.

[3] Theophilopoulos N A,Efstatiadis S G,Petropoulos Y. ENVISYS, Environmental Monitoring,Warning and Management Eystem[J]. Spill Science and Technology Bulletin,1996,3(1):19-24.

[4] Tufekei S. An Integrated Emergency Management Decision Support System for Hurricane Emergencies[J]. Safety Science,1995, 20(1):39-48.

[5] Guarriso G, Werthner H. Environmental Decision Support Systems[M]. Ellis Horwood-wiley,1989.

[6] Mora-Lopez L, Conejo R. Qualitative Reasoning Model for the Prediction of Climatic Data[C]. Binding Environmental Science and Artificial Intelligence. ECAI'98, Brighton, UK,1998.

[7] Avesani Po, Perini A, Ricci F. Interactive Case-Based Planning for Forest Fire Management[J]. Envimental Assessment, 2003, 32 (9): 290-298.

[8] Raman H, Sunilkumar N. Multivariate Modeling of Water Resources Time Series Using Artificial Neural Networks[J]. Hydrologicial Sciences Journal, 1995,40(2): 145-163 .

[9] Cortes U, Sanchez Marre M, Sanguesa R, Comas J, Roda R, et. Knowledge Management in Environmental Decision Support Sys-

tems[J]. Journal of Solid Waste Technology and Mangment,2001, 23(2): 73 - 83.

[10] Hernandez J Z, Serrano J M. Knowledge based Models for Emergency Management Systems[J]. Expert Systems with Applications, 2001, 20(1):173 - 186.

[11] Kourniotis S P, Kiranoudis C T, Markatos N C. A Systemic Approach to Effective Chemical Emergency Management[J]. Safety Science. 2001,38(1):49 - 61.

[12] Liu K F R. Agent-based Resource Discovery Architecture for Enviromental Emergency Management[J]. Expert Systems with Applications, 2004, 27(1):77 - 95.

[13] Ceglowski A, Churilov L, Wassertheil J. Knowledge Discover through Mining Emergency Department Data[C]. 38th Annual Hawaii International Conference on System Sciences, Big Island, HI,United States,2005,142 - 144.

[14] Zhu Q W, Stillman M J. Design of an Expert System for Emergency Response to a Chemical Spill Domain Definition and Knowledge Acquisition[J]. Journal of Chemical Information and Computer Scinces. 1995, 35(6):945 - 955.

[15] Yeh T H, Lo J G, A Case Study of Knowledge Based Expert System for Emergency Response of Chemical Spill and Fire[J]. Lecture Notes in Computer Science, 2004,4490(1):743 - 755.

[16] 操龙兵,戴汝为. 开放复杂智能系统[M]. 北京:人民邮电出版社,2008.

[17] 汪小梅,白丽娟. 组织知识创造能力分析与综合评价[J]. 软科学,2006,6.

[18] 肖明. 信息资源管理[M]. 北京:电子工业出版社,2002.

[19] 覃小旅,朱庆华. 危机信息管理系统的构建[J]. 中国信息导报,

2005(5):46－49.

[20] 魏玖长,赵定涛.基于元搜索引擎的危机信息监控系统的研究与实现[J].管理科学,2005,18(5):36－40.

[21] 刘慧,胡天佑.医药企业应对危机的信息管理[J].中国药业,2006,15(7):19－20.

[22] Ray S. J. Strategic Communication in Crisis Management:Lessons from the Airline Industry[M]. Westport, CT: Quorum Books,1999.

[23] 薛澜,张强,钟开斌.危机管理:转型期中国面临的挑战[M].北京:清华大学出版社,2003.

[24] Steven Fink. Crisis Management:Planning for the Invisible[M]. New York: American Management Association,1986.

[25] Coombs W. Timothy. Ongoing Crisis Communication:Planning, Managing, and Responding[M], London: Sage Publications, Inc. ,1999.

[26] 胡百精.危机传播管理[M].北京:中国传媒大学出版社,2005.

[27] 杨保军.论传播主体与接受主体的关系[J].国际新闻界,2003(6):44－48.

[28] Yates A. Engineering a Safer Australia:Securing Critical Infrastructure and the Built Environment[M]. Canberra,Australia:Institution of Engineers,2003.

[29] McLoughlin D. A Framework for Integrated Emergency Management[J]. Public Administration Review,1985,45:165－172.

[30] Steven Fink. Crisis Management:Planning for the Invisible[M]. New York: American Management Association,1986.

[31] Mituoff Ian I. Crisis Management:Cutting Throuth the Confusion [J]. Sloan Management Review,Winter,1988:19.

[32] Coombs W T. Ongoing Crisis Communication:Planning,Manag-

ing, and Responding[M]. Thousand Oaks, CA: Sage Publications, 1999.

[33] 吴江. 公共危机管理能力[M]. 北京:国家行政学院出版社,2005:153-171.

[34] 孙明贵. 浅谈西方企业的危机管理[J]. 外国经济与管理,1990(2):22-24.

[35] 曹现强. 建立科学的危机管理机制提升政府的反危机能力[J]. 山东大学学报(哲学社会科学版),2003(4):7-9.

[36] 胡平. 国际冲突分析与危机管理研究[M]. 北京:军事谊文出版社,1993.

[37] 薛澜,张强. SARS事件与中国危机管理体系建设[J]. 清华大学学报(哲学社会科学版),2003(4):4-9.

[38] Homeland Security Department, National Response Plan, 2004.

[39] 桂维民. 应急决策论[M]. 北京:中共中央党校出版社,2007.

[40] 池宏. 突发公共事件应急管理研究的现状与展望[R]. 中科院,2008.

[41] Baumeister J, Seipel D, Pupe F. Source: Using Automated Tests and Restructring Methods for an Agile Development of Diagnostic Knowledge Systems[C]. Proceeding of the Seventeenth International Florida Artificial Intelligence Reach Society Conference. FLAIRS, 2004, 319-324.

[42] Holz H, Mauraer F. Knowledge Management Support for Distributed Agile Software Processes[J]. Lecture Notes in Computer Science, 2002, 2640:60-80.

[43] Lukac G, Butka P, Mach M. Semanticlly-enhanced Extension of the Discussion Analysis Algorithm in SAKE[J]. Applied Machine and Information and Informatics, 2008(1):241-246.

[44] Viviane B D, Marcos R S B, Jose H C. Knowledge Management

Support for Collaborative Emergency Response[C]. The 9th International Conference on Computer Supported Cooperative Work in Design Proceedings,IEEE,2005,1188－1193.

[45] Diniz V B, Borges M R S, Gomes J O, Canos J H. Knowledge Management Support for Collaborative Emergency Response[C]. Proceeding of the 9th International Conference on Computer Supported Cooperative Work in Design, 2005,1188－1193.

[46] 王珏,袁小红,石纯一,郝继刚. 关于知识表示的讨论[J]. 计算机学报,1995,18(3):212－224.

[47] Cirrus S, David C. Brown: Constructing Design Methodologies Using Multiagent Systems[J]. AI EDAM, 2004, 18(2): 115－134.

[48] Michael Bowman, Antonio M. Lopez, Jr. Gheorghe Tecuci[C]. Ontology Development for Military Applications,2000.

[49] Austin Tate Homepage. http://www. aiai. ed. ac. uk/～bat/.

[50] Con X M, Pandya K V. Issues of Knowledge Management in the Public Sector[J]. Electronic Journal of Knowledge Management, 2003,25－33.

[51] Suryanto H,Compton P. Discovery of Class Relation in Exception Structured Knowledge Bases[J]. Lecture Notes in Computer Science, 2000,1867:113－126.

[52] The web site of e-Response Project. http://i-rescue. org/e-response/index. html.

[53] Linninger A A, Ali S A, Stephanopoulos G. Knowledge-based Validation and Waste Management of Batch Pharmaceutical Process Designs[J]. Computer & Chemical Engineering, 1996,20(1):1431－1436.

[54] 于景元,周晓纪. 综合集成方法与总体设计[J]. 复杂系统与复杂性

科学,2004,1(1):20－26.

[55] C. Siebra and A. Tate, I-Rescue: A Coalition Based System to Support Disaster Relief Operations[C]. 3rd International Conference on Artificial Intelligence and Applications, Benalmadena, Spain, 2003.

[56] 乌家培. 信息与知识的关系述评[J]. 情报资料工作,1999(1):2－4.

[57] Noh J B, Lee K C, Kim S H. A Case-based Reasoning Approach to Cognitive Map-driven Tacit Knowledge Management[J]. Expert Systems with Applications, 2000, 19(4):249－259.

[58] Cunningham P, Smyth B. Case-based Reasoning in Scheduling: Reusing Solution Components[J]. International Journal of Production Research, 1997, 35(11): 2947－2962.

[59] Uschold M, Gruninger M. Ontologies: Principles, Methods and Applications[J]. The Knowledge Engineering Review, 1996, 11(2):93－136.

[60] 傅谦,张申生,胡锦敏. 基于本体的领域知识共享研究[J]. 计算机集成制造系统—CIMS,2001,7(11):54－58.

[61] Bateman J A. On the Relationship between Ontology Construction and Natural Languge: a Sociosemiotic Interview[J]. Journal of Human Computer Studies, 1996, 43: 929－944.

[62] 杨秋芬,陈跃新. Ontology 方法学综述[J]. 计算机应用研究,2002,19(4):5－7.

[63] Paul Hendriks. Why Share Knowledge? The Influence of ICT on the Motivation for Knowledge Sharing[J]. Knowledge and Process Management, 1999, 6(2):91－100.

[64] Holz H, Maus H, Bernardi A, Rostanin O. From Lightweight, Proactive Information Deliery to Business Process-Oriented Knowledge Management [J]. Jurnal of Universal Knowledge

Management, 2005,2(1): 101 - 127.

[65] Fons Wijnhoven. Knowledge Logistics in Business Contexts: Analyzing and Diagnosing Knowledge Sharing by Logistics Concepts[J]. Knowledge and Process Management, 1998, 5(3):143 - 157.

[66] Richard McDermott,Carla O'Dell. Overcoming Cultural Barriers to Sharing Knowledge[EB/OL]. http://www. emerald-library. com/ft.

[67] T. Davenport, L. Prusak. Working knowledge: How Organizations Manager What They Know[M]. Harvard Business School Press, Boston, 1998.

[68] Aamodt A,Plaza E. Case-based Reasoning: Foundational Issues, Methodological Variations and System Approaches[J]. AI Communications,1994,7(1):39 - 59.

[69] 唐锡晋,顾基发. 水资源管理决策支持系统的发展动态及特点[J]. 决策与决策支持系统,1994,4(4):12 - 22.

[70] 解建仓. 水资源调度管理决策支持系统的理论与实践[M]. 西安: 陕西科学技术出版社,1997.

[71] Scholten H, R. H. Van Waveren, S. Groot, F. Van Geer, et al. Improving the quality of model based decision support: Good Modelling Practice in water management[J]. Proceedings of Symposium, 2001:223 - 230.

[72] Kassahun A H. Scholten G. Zompanakis C. Gavardinas. Support for Model Based Water Management with the Harmoni Toolbox [J]. Proceedings iEMSs, 2004.

[73] Bruggemann R, Drescher-Kaden U. Introduction into Model-supported Evaluation of Environmental Chemicals (Einfuhrung in die modellgestutzte Bewertung von Umweltchemikalien)[C]. Springer, Berlin, 2003:1 - 513.

[74] Jaroslav Mysiaka, Carlo Giupponib, Paolo Rosato. Towards the Development of a Decision Support System for Water Resource Management[J]. Environmental Modelling & Software, 2005,10(6):203－214.

[75] 钱学敏，钱学森. 关于复杂系统与大成智慧的理论[J]. 西安交通大学学报(社会科学版),2004,24(12):51－57.

[76] 钟荣丙. 论系统科学近期发展史上的三颗灿烂明珠[J]. 系统辩证学学报,2005.1(13):26－29.

[77] Shima J P , et al. Past, Present , and Future of Decision Support Technology[J]. Decision Support Systems, 2002,33(2):111－126.

[78] 李耀东，崔霞，戴汝为. 综合集成研讨厅的理论框架、设计与实现[J]. 复杂系统与复杂性科学,2004,1(1):27－32.

[79] 戴汝为. 支持科学决策和咨询的技术—思维系统工程[J]. 中国工程科学，2005，7(1):17－20.

[80] 司光亚,胡晓峰. 战略决策模拟环境中 XOD 综合集成机制的研究与实现[J]. 小型微型计算机系统，2002，23(2):242－245.

[81] Wallas G. The Art of Thought[M]. New York:Harcoxt Brace, 1926:80－82.

[82] http://catcode.com/ideafish.html.

[83] http://www.triz-journal.com/content/what_is_triz.asp.

[84] Mase K, Ishida T. Community Computing: Collaboration over Global Information Networks[C]. New York:John Wiley Sons, Inc, 1998:165－205.

[85] 唐锡晋,刘怡君. 从群体支持系统到创造力支持系统[J]. 系统工程理论与实践,2006,5:63－71.

[86] 张兴学，张朋柱. 群体决策研讨意见分布可视化研究——电子公共大脑视听室(ECBAR) 的设计与实现[J]. 管理科学学报，2005，8(4):15－25.

[87] 戴汝为. 从工程控制论到综合集成研讨厅体系——纪念钱学森归国 50 周年[J]. 复杂系统与复杂性科学,2006,3(2):86－91.

[88] Corrigan P, Glomm G, Medndez F. AIDS Crisis and Growth[J]. Journal of Development Econmics, 2005,77(1):107－124.

[89] Ray S J. Strategic Communication in Crisis Management:Lessons from the Airline Industry[M]. Westport, CT: Quorum Books,1999.

[90] 唐钧. 建构全面整合的政府公共危机信息管理系统[J]. 信息化建设,2004(10):12－15.

[91] [美]罗伯特·希斯,危机管理[M]. 王成,宋炳辉,金瑛,译. 北京:中信出版社,2001.

[92] 杨炳儒,知识工程与知识发现[M]. 北京:冶金工业出版社, 2000.

[93] Werner K, Graber. Real Time Modeling as an Emergency Decision Support System for Accidental Release of Air Pollutants[J]. Mathematics and Computer in Simulation, 2000, 52: 413－426.

[94] Nils Rosmuller, Group Decision Making in Infrastructure Safety Planning[J]. Safety Science, 2004, 42: 325－349.

[95] 胡晓云,李玲. 不同人群"非典"信息传播渠道研究[J]. 中国健康教育, 2003,19(9):675－677.

[96] Challinor Joan R. New Demands for Crisis Information Dissemination and Management[EB/OL]. [2007－4－1]. http://www.nclis.gov/info/trust/trust.html.

[97] Laudon Kenneth C,Laudon Jane P. Management Information Systems: Organization and Technology in the Networked Enterprise (6th ed.)[M]. Prentice-Hall Inc. ,1999.

[98] 范维澄. 突发公共事件应急信息系统总体方案构思[J]. 信息化建设,2005(9):11－13.

[99] 宋学锋. 复杂性、复杂系统与复杂性科学[J]. 学科进展与展望,

2003(5):262 - 269.

[100] 刘曾荣,李挺.复杂系统理论剖析[J].自然杂志,2004,26(3):149 - 151.

[101] 苗东升.论复杂性[J].自然辨证法通讯,2000,22(6):87 - 92.

[102] [美]约翰·H·霍兰.隐秩序——适应性造就复杂性[M].上海:上海科技教育出版社,2000.

[103] 戴汝为.关于"复杂性"的研究——一门21世纪的科学[M].北京:科学出版社,1998.

[104] 成思危,冯芷艳.复杂性科学探索[M].北京:民主与建设出版社,1999.

[105] 颜泽贤.复杂系统演化论[M].北京:人民出版社,1993.

[106] Chidamber S R,Kemerer C F. A Metrics Suite for Object Oriented[J]. IEEE Transactions on Software Engineering, 1994,20(6):476 - 492.

[107] [美]米歇尔·沃尔德罗普.复杂——诞生于秩序与混沌边缘的科学[M].北京:三联书店,1997.

[108] [美]约翰·H·霍兰.涌现[M].上海:上海科学出版社,2001.

[109] 韩毅.复杂适应系统"适应性主体"的哲学意蕴[J].系统科学学报,2006,14(4):50 - 53.

[110] Vladimir Marik, Duncan Mcfarlane. Industrial Adoption of Agent-Based Technologies[J]. Journal of IEEE Intelligent Systems, 2005, 20(1):27 - 35.

[111] 乐飞红.公司知识管理系统[J].图书情报工作,2000(5):47 - 52.

[112] Nelson, Winter. An Evolutionary Theory of Economic Change[R]. Working Paper, Cambridge, Belknap,1982.

[113] 刘劲扬.穿越复杂性丛林[J].中国人民大学学报,2004(5):17 - 24.

[114] 吴彤.科学哲学视野中的客观复杂性[J].系统辩证学学报, 2001,

9(4):44-47.

[115] 丁炜. 知识复杂性之考察[J]. 广西师范大学学报:哲学社会科学版,2006,42(1):90-94.

[116] 石中英. 知识性质的转变与教育改革[J]. 清华大学教育研究,2001(2):29-36.

[117] Parallel Understanding Systems Group. SHOE General Ontology [M/OL]. University of Maryland. http://www.cs.umd.edu/projects/plus/SHOE/onts/general1.h.

[118] Chandrasekaran B, Josephson J R, Benjamins V R. What Are Ontologies, Why Do We Need Them? [J]. IEEE Intelligent Systems, Vol. 14, No. 1, Special Issue on Ontologies, January/February 1999.

[119] De Mantaras, R L Plaza E. Case-based reasoning: an overview [J]. IEEE AI Commune, 1997, 10(2):21-29.

[120] Waston I, Marir F. Case-based Reasoning: a Review[J]. The Knowledge Engineering Review, 1994, 9(4):355-381.

[121] Aamodt A, Plaza E. Case-based Reasoning: Foundational Issues, Methodological Variations, and System Approaches[J]. AI Communications, 1994, 7(1):39-59.

[122] Deng P S. Using Case-based Reasoning Approach to the Support of Illstructured Decisions[J]. European Journal of Operational Research, 1996, 93(3):511-521.

[123] 常春光,汪定伟,胡琨元等. 基于两级 CBR 的钢铁企业动态调度系统研究[J]. 控制与决策,2004,19(10):1109-1116.

[124] 杨炳儒. 知识工程与知识发现[M]. 北京:冶金工业出版社,2000,40-142.

[125] 陈立娜. 知识管理中企业知识图的绘制[J]. 图书情报工作,2003,47(8):58-61.

[126] 王永庆. 人工智能原理与方法[M]. 西安:西安交通大学出版社,1998.

[127] Eppler M J, Burkard R A. Knowledge Visualization: Towards a New Discipline and its Fields of Application[R]. ICA Working Paper, University of Lugano, 2004.

[128] 赵国庆,黄荣怀,陆志坚. 知识可视化的理论与方法[J]. 开放教育研究, 2005,11(1):23-27.

[129] Eppler M J, Burkard R A. Knowledge Visualization: Towards a New Discipline and its Fields of Application[R]. ICA Working Paper, University of Lugano, 2004.

[130] 龚建华,李亚斌,王道军,等. 地理知识可视化中知识图特征与应用[J]. 遥感学报,2008,12(2):355-361.

[131] Vail E F. What is A Knowledge Map? [EB/OL]. [2002-08-29]. http://www. km-review. com.

[132] Eppler M J. Making Knowledge Visible through Intranet Knowledge Map: Concept, Elements, Cases[C]. Proceedings of the 34th Hawail International Knowledge Maps and Conference on System Sciences. USA,2001.

[133] Salamander Organization. Knowledge Maps and Knowledge Management[C]. The Salamander Organization Ltd,2002.

[134] Denham Grey-Knowledge Mapping: A Practical Overview[EB/OL]. [1999-08-25]. http://www. smihtweaversmith. com/knowledge. htm.

[135] C. Hoede, M. Willems. Knowledge Graphs and Natural Language[J]. The Netherland: University of TwentePress, 1989,14(3):25-29.

[136] Hoede C,Li X, Liu X, Zhang L. Knowledge Graph Analysis of some Particular Problems in the Semantics of Chinese to Memo-

randum No. 1516[J]. Univ. of Twente, End de The Netherlands,2000,(6):234 - 239.

[137] Chen Lina. Knowledge Mapping in Knowledge Management at Enterprises[J]. Library and Information Service, No. 8, 2003. 58 - 78.

[138] Vail E F. What is A Knowledge Map? [EB/OL]. [2002 - 08 - 29]. http://wwwlan-review. com.

[139] 蒋蓉华,周永生. 知识管理的界定及逻辑结构[J]. 广西社会科学,2004(2):64 - 68.

[140] Vivekan,Kochikav. Knowledge: The Currency of the New Milliennium[EB/OL]. [1998 - 12 - 30]. http://www. itlinfosys. com/corpomte/thought papers/knowledge3. htm.

[141] Tomas Hellstrom, Kenneth Husted. Mapping Knowledge and Intellectual Capital in Academic Environments[J]. Journal of Intellectual Capital,2004,5(1):165 - 180.

[142] Logan D, Caldwell F. Knowledge Mapping: Five Key Dimensions to Consider[M]. Gartner Group,2000.

[143] Debra M. Amidon. Innovation Strategy for the Knowledge Economy[M]. Butterworth-Heinemann,1997.

[144] Thomas R Gruber. Ontolingua: A Translation Approach to Potable Ontology Specification[J]. Knowledge Acquisition, 1993, 5(2): 199 - 200.

[145] De Mantaras, R L Plaza E. Case-based Reasoning: an Overview [J]. IEEE AI Commune,1997,10(2):21 - 29.

[146] Cunningham P, Smyth B. Case-based Reasoning in Scheduling: Reusing Solution Components[J]. IEEE AI Commune,1996,35(11):2947 - 2960.

[147] Aamodt A, Plaza E. Case-based Reasoning: Foundational Issues,

Methodological Variations, and System Approaches[J]. AI Communications,1994,7(1):39 - 59.

[148] 王寿云,于景元,等. 开放复杂的巨系统[M]. 杭州:浙江科技出版社,1996.

[149] 罗军刚,解建仓,汪妮. 基于 CBR 的水库洪水调度模式[J]. 系统工程理论与实践,2008,28(9):122 - 130.

[150] 罗军刚,解建仓,陈田庆,汪妮. 基于事例推理技术的水库洪水调度研究与应用[J]. 水科学进展,2009,20(1):32 - 39.

[151] 汤文宇,李玲娟. CBR 方法中的案例表示和案例库的构造[J]. 西安邮电学院学报,2006,11(5):75 - 78.

[152] Smyth B,Keane M T,Cunningham P D. Hierarchical Case-based Reasoning Integrating Case-based and Decompositional Program-solving Techniques for Plant-control Software Design[J]. IEEE Transaction Knowledge and Data Engineering,2001,13(5):793 - 812.

[153] George H. Hargreaves. Better Management of Renewable Resources Can Avert a World Crisis[J]. Journal of Irrigation and Drainage Engineering,May/June 2007:201 - 205.

[154] Shin K S,Han I G. Case-based Reasoning Supported by Genetic Algorithms for Corporate Bond Rating[J]. Expert Systems with Application,1999,16(2):85 - 95.

[155] Chiu C. A Case-based Customer Classification Approach for Direct Marketing[J]. Expert Systems with Applications,2002,22(2):163 - 168.

[156] 周惠成,张改红,王国利. 基于熵权的水库防洪调度多目标决策方法及应用[J]. 水利学报,2007,38(1):100 - 106.

[157] 杨莉,高晓光,汪小梅. 有约束多目标模糊指派问题的改进算法[J]. 西北工业大学学报(自然科学版),2004(8).

[158] 赵卫东,李旗号,盛昭瀚.基于案例推理的决策问题求解研究[J].管理科学学报,2000,3(4):29-36.

[159] 常春光,崔建江,汪定伟,等.案例推理中案例调整技术的研究[J].系统仿真学报,2004,16(6):1260-1265.

[160] 王珏,刘三阳,张杰.基于 Vague 集的模糊多目标决策方法[J].系统工程理论与实践,2005.

[161] 李凡,饶勇.基于 Vague 集的加权多目标模糊决策方法[J].计算机科学,2001,28(7):60-65.

[162] 刘华文.多目标模糊决策的 Vague 集方法[J].系统工程理论与实践,2004,24(5):103-109.

[163] 罗军刚,解建仓.基于 Vague 集的模糊多目标决策方法及应用[J].数学的实践与认识,2008,38(20):114-122.

[164] Michael Lachmann, Guy Sella. On Information Sharing and the Evolution of Collectives[EB/OL]. http://www.santafe.edu/sfi/publications.

[165] Moore J. The Evolution of Reciprocal Sharing[J]. Ethology and Sociobiology, 1984(5):5-14.

[166] Davenport T H, Prusak L. Working Knowledge: How Organizations Manage What They Know[M]. Boston: Havard Business School Press, 1998.

[167] Richard McDermott, Carla O'Dell. Overcoming the "Cultural Barriers" to Sharing Knowledge[EB/OL]. http://www.store.apqc.org/kmculture.cfm.

[168] Effective Communication and Information Sharing in Virtual Teams[EB/OL]. http://www.bizresources.com/learning/evt.pdf.

[169] Chun Wei Choo. Information Management for the Intelligent Organization[EB/OL]. http://choo.fis.utoronto.ca/FIS/IMIO/

IMIO. html.

[170] 罗志勇. 知识共享机制研究[M]. 北京:国家图书馆出版社,2003.

[171] Victoria L Mitchell. Knowledge Integration and Information Technology Project Performance[J]. MIS Quarterly, 2006, 30(4):919 - 939.

[172] Paul Hendriks. Why Share Knowledge? The Influence of ICT on the Motivation for Knowledge Sharing[J]. Knowledge and Process Management, 1999, 6(2):91 - 100.

[173] Burgun A. Bottig, Issues in the Design of Medical Ontologies Used for Knowledge Sharing[J]. Journal of Medical Systems, 2001, 25(2):95 - 108.

[174] Davies N J, Stewart R S, Weeks R, Knowledge Sharing Agents over the World Wide Web[J]. Journal of BT Technol, 1998, 16(3):104 - 109.

[175] 张志远,谭跃进. 客户知识共享过程中的完全信息动态博弈分析[J]. 上海工程技术大学学报,2003,17(3):39 - 43.

[176] 陈铁,舒正荣,马连杰. 知识产权管理中的博弈论[J]. 科技进步与对策,2004,(4):20 - 22.

[177] Holsapple C W. A Formal Knowledge Management Ontology: Conduct, Activities, Resources, and Influences[J]. Journal of the American Society for Information Science and Technology, 2004, 55(7):593 - 612.

[178] Dixon N M. Common Knowledge: How Companies Thrive by Sharing What They Know[R]. Working Paper, Boston, Mass: Harvard Business School, 2000.

[179] Szulanski G. Exploring Internal Stickiness: Impediments to the Transfer of Best Practice within the Firm[J]. Strategic Management Journal, 1996, 17(Summer special issue):27 - 43.

[180] Aamodt A, Plaza E. Case-based Reasoning: Foundational Issue, Methodological Variation and System Approaches[J]. Artificial Intelligence Communications, IOS Press, 1994,7(1): 39-59.

[181] Baughn C,Denekamp J,Stevens J. Protecting Intellectual Capital in International Alliances[J]. Journal of World Business,1997,32(2):103-117.

[182] Hamel G. Competition for Competence and Interpartner Learning within International Strategic Alliances[J]. Strategic Management Journal,1991,12:83-103.

[183] Doz Y L. The Evolution of Cooperation in Strategic Alliances: Initial Conditions or Learning Processes[J]. Strategic Management Journal,1996,17:55-83.

[184] Davenport T,Prusak L. Working Knowledge:How Organizations Manager What They Know [M]. Boston: Harvard Business School Press,1998.

[185] Darr E,Argote L,Epple D. The Acquisition,Transfer,and Depreciation of Knowledge in Service Organizations:Productivity in Franchises[J]. Management Science, 1995,41:1750-1762.

[186] Ingram P,Simons T. Interorganizational Relations and the Performance Outcomes of Experience[R]. Working Paper,Graduate School of Industrial Administration, Carnegie Mellon University,1997.

[187] Powell W W,Koput K W,Smith-Doerr L. Interorganizational Collaboration and the Locus of Innovation:Networks of Learning in Biotechnology[J]. Administrative Science Quarterly,1996,41:116-145.

[188] Tichy N M,Tushman M L,Frombrun C. Social Network Analysis for Organizations[J]. Academy of Management Review,

1979,4:507 - 519.

[189] Allen T J. Managing the Flow of Technology: Technology Transfer and the Dissemination of Technological Information within the R&D Organization[M]. Cambridge, MA: MIT Press,1977.

[190] Hamel G. Competition for Competence and Interpartner Learning within International Strategic Alliances[J]. Strategic Management Journal, 1991,12:83 - 103.

[191] Lane P J,Lubatkin M. Relative Absorptive Capacity and Interorganizational Learning[J]. Strategic Management Journal,1998, 19: 461 - 477.

[192] Lei D, Slocum J W. Global Strategy, Competence-building and Strategic Alliances[J]. California Management Review,1992,35 (1):81 - 87.

[193] William Ives, etc. Thought Leadership[EB/OL]. [1999 - 11 - 23]. http://www. ac. com/services/lanowledge/km thought, html.

[194] Floyd W. Carlson. A Guide To Planning A Knowledge Management System[EB/OL]. [1999 - 03 - 14]. http://nile. ed. umuc. edu/ jmeinke /inss690/Carlson/Knowledge. html.

[195] Whit B, Let. Models and Languages for Component Description and Reuse [J]. Software Engineering Nodes, 1995, 20(2): 76 - 86.

[196] Tracz W. Implementation Working Group Summary[A]. In: James B. Reuse in Practice Workshop Summary,1990:10 - 19.

[197] Wilson E M. Engineering hydrology[M]. Hampshire: MacMillan Education Ltd,1974.

[198] Kroeker K. Component Technology[J]. IEEE Computer, 1998, (31): 132 - 133 .

[199] 张世现,张文娟,等.基于软件体系结构的可复用构件制作和组装[J].软件学报,2001,(12)9:1351－1359.

[200] 张长涛,刘希宋.企业产品开发人员知识共享机理研究[J].管理科学,2003,16(2):7－10.

[201] 王庆全.基于最大公约子范畴的应急决策知识匹配研究[J].控制与决策,2009,7.

[202] 王庆全,应急决策知识供给的敏捷性评价方法[J].运筹与管理,2009,2.18(1).

[203] 谢红薇.基于应急案例本体的信息抽取的模型及应用[J].电脑开发与应用,2006,19(2).

[204] 突发社会安全事件预测预警与智能决策技术研究课题组.群体性事件应急决策支持系统的研究[J].中国人民公安大学学报(自然科学版),2009(3).

[205] 李潭,李志凯.基于知识管理理论的民防灾难管理系统[J].期科技与管理,2009,1.

[206] Bassi H. Amassing the Power of Intellectual Capital[J]. Training & Development, 1997, 51(12): 25－30.

[207] Quitas P, Lafrere P, Jones G. Knowledge Management: A Strategy Agenda Long Range Planning[J]. 1997, 30(3): 322－329.

[208] Allee, Vema. The Knowledge Evolution: Expanding Organizational Intelligence. Boston[R]. Working Paper. Butterworth-Heinemann, 1997.

[209] Carl Frappuolo. Defining Knowledge Management[N]. Computer World, 1998－2－23.

[210] Elliot Maise. Knowledge Management Takes Industry's Center Stage. CMP Net Computer Reseller News, Feb. 2, 1998, Issue 774: 1－2.

[211] 托马斯·达文波特,劳伦斯·普鲁萨克.营运知识:工商企业的知

识管理[M]. 南昌:江西教育出版社,1999.

[212] Sveiby K E. The New Organizational Wealth-managing and Measuring Knowledge-based Assets[M]. Biy Apple Tuttle-Mori Agency, Inc. Co. ,LTD,1999.

[213] Wiig K M. Knowledge Management: An Emerging Discipline Rooted in a Long History. In Despres C. and Chauvel, D. (Eds.). Knowledge Horizons: The Present and the Promise of Knowledge Management[C]. Boston, Butterworth Heinemann, 2000:3-26.

[214] 邱均平. 知识管理学[M]. 北京:科学技术文献出版社,2005.

[215] Schultzea,Bol. Knowledge Management Technology and the Reproduction of Knowledge Work Practices[J]. Journal of Strategic Information Systems, 2000, 9: 193-212.

[216] 李铁映. 论决策模式[C]. 国内学术会议文摘,1985.

[217] Prasanna Ganesan, Hector Garcia-Molina, Jennifer Widom. Exploiting Hierarchical Domain Structure to Compute Similarity [J]. ACM Trans. Inf. Syst. 21 (1), 2003, 64-93.

[219] Keen P G W. Decision Support Systems: The Next Decade[J]. Decision Support Systems, 1987(3):253-278.

[220] Prasanna Ganesan, Hector Garcia-Molina, Jennifer Widom. Exploiting Hierarchical Domain Structure to Compute Similarity [C]. ACM Trans. Inf. Syst. 21(1), 2003, 64-93.

[221] M. Mehdi,Knowledge Owrang. Optimization of Knowledge Discovery Process[J]. Computer Science and Information Systems, 1997,428-433.

[222] 吴健中,周泓. 群决策支持系统的理论与应用评述[J]. 系统工程学报,1994,9(2):119-130.

[223] 陈智,朱明富,费奇. 组织决策支持系统的基本概念及研究框架

[J]. 华中理工大学学报,1997,25(5):95 - 96.

[224] L. G. Vargas. Analysis of Sensitivity of Reciprocal Matrices[J]. Applied Mathematics and Computation, 1983(12):301 - 320.

[225] 张洁,胡运权. 决策支持系统研究基础及发展趋势[J]. 哈尔滨工业大学学报,1999,31(3):38 - 40.

[226] Gerardine DeSanctis, R. Brent Gallupe. A Foundation for the Study of Group Decision Support Systems[J]. Management Science, 1987, 33(5):589 - 609.

[227] Hearit K M. The Use of Counter-attack in Apologetic Public Relations Crises: The Case of General Motors vs. Dateline NBC [J]. Public Relations Review, 1996, 22(3): 233 - 248.

[228] Johnson L A, Taylor T B, Lev R. The Emergency Department On-call Backup Crisis: Finding Remedies for a Serious Public Health Problem[J]. Annals of Emergency Medicine, 2001, 37 (5): 495 - 499.

[229] 施放,等. 多目标决策的快速分析法[J]. 决策借鉴, 1995(5): 12 - 16.

[230] 孙兰芝. 公共决策中的快速初步政策分析法[J]. 国家高级教育行政学院学报,2000(4):57 - 61.

[231] 王众托. 知识系统工程:知识管理的新学科[J]. 大连理工大学学报,2000,40(s1):115 - 122.

[232] 王众托. 知识系统管理[J]. 大连理工大学学报,1999,39(2):336 - 342.

[233] 王学军. 预普、反应与重建:当代中国政府危机管理体系的构建[J]. 理论探索,2004,4(1):81 - 82.

攻读博士学位期间获得的研究成果

发表学术论文：

[1] 基于客户感知价值的信息产品定价方法研究，情报杂志，2010(2).

[2] Base on Risk Preference to Explain the Closed-End Fund Discount, Proceedings of the 2009 International Conference on Public Economics and Management, 2009(11), Xiamen (ISTP/ISSHP 索引源).

[3] 企业信息化成熟度模型研究，情报杂志，2007(10).

[4] 陕西高校科技成果转化评价体系研究，工业工程，2007(1).

[5] 组织知识创造能力分析与综合评价，软科学，2006(6).

[6] 西部高校科技成果转化的信息经济学分析与对策，科技进步与对策，2006(11).

[7] 基于项目的信息化风险多因素综合评价，情报杂志，2007(5).

[8] 基于模糊评判方法的陕西高校科技成果转化分析，情报杂志，2006(5).

[9] CBR in the Emergency Management System, GCSE 2009, 2009(11), USA (录用).

主持及参与的科研项目：

主持的科研课题：

[1] "基于技术创新的企业知识管理方法与策略研究"，教育部人文社科基金，2005 年。

[2] "加速我省高校科技成果产业化对策研究"，陕西省哲学社科基金，2004 年。

[3]“提高科技成果转化率的研究”,西北工业大学政策基金,2004 年。

[4]“西北工业大学科技产业化走出低谷的研究”西北工业大学政策基金,2003 年,被评为优秀。

参加的科研课题:

[1] 管理学院 ERP 实验室建设,2003 年。

[2] 本科市场营销模拟实验室建设,2003 年。

[3] 西北工业大学“十五”本科综合性创新性设计型实验室项目:“电子商务创新型实验”室建设,2005 年。

[4] 基于 C-PMBOK 的中国组织项目管理成熟度模型研究,国家自然基金,2008 年。

[5] 面向水利信息化的高性能计算与网格应用,国家“863”项目(项目编号:2006AA01A126)。

[6] 国家应急平台体系关键技术研究与应用示范,国家“十一五”科技支撑计划项目(项目编号:2006BAK01A22)。

其他:

2008 年 1 月至 2009 年 1 月受教育部国家留学基金资助赴美国宾夕法尼亚州立大学工业工程系进修。

致　谢

在博士论文完成之际，兴奋与喜悦的泪水冲刷掉了写作过程中的艰辛与困惑，几经风雨，今天终于告一段落。对帮助过我的众多老师、同学、朋友和家人的感激之情永难忘怀。

首先由衷地感谢我的导师白暴力教授。七年博士阶段的学习，白老师为我创造了宽松的科研环境和良好的项目实践空间。这篇博士论文无论是从论文选题，还是到各个章节内容审核与修改，都倾注了白老师大量的心血。白老师严谨求实的治学态度、广阔渊博的专业知识、孜孜不倦的敬业精神以及谦逊平和的生活作风在言传身教中使我领悟到许多道理，也将使我终生受益。在此，谨向白老师致以最诚挚的感谢和最崇高的敬意。

我要感谢一直默默为我们提供帮助的邵树菲老师，感谢师兄胡红安在我的论文写作过程中提供的帮助。

我还要感谢在论文写作过程中，给予我帮助和支持的同事同学杨云霞、杨青、吴旺言，通过与他们激烈讨论和交流，开拓了我的思路，也增加了我的信心，感谢他们无私的帮助和启发。还要感谢管理学院信息管理系的同事们，是他们在我攻读博士学位期间帮我分担工作，使我能够坚持完成学业。感谢课题组的同事们同学们在我论文期间写作提供的帮助。感谢在我校对论文时为我提供帮助的田英莉、赵静、孙阳平、刘婧、郑莹、朱龙飞等同学。

最后，我还要感谢一直给予我无限信任和无限支持的父母、家人，是他们永远在背后的默默支持，使得我最终能坚持下来，努力完成学业。还感谢我懂事的女儿刘欣然一直以来对我的鼓励。

我完成的论文是给他们最好的礼物。

再次对所有关心过、帮助过我的专家教授、同事、朋友和家人表示衷心的感谢！向我所引用的参考文献的作者表示感谢！